Hans-Gerd Adler
Wir sprengen unsere Ketten

Hans-Gerd Adler

WIR SPRENGEN UNSERE KETTEN

Die friedliche Revolution im Eichsfeld

Eine Dokumentation

Thomas-Verlag
Leipzig

ISBN 3-86174-013-3

Erich-Zeigner-Allee 34, Leipzig, 7031

Satz und Druck: Offizin Andersen Nexö Leipzig GmbH,
Graphischer Großbetrieb
Gestaltung: Dietmar Kunz

So wie die Menschen der DDR während der Herbsttage des Jahres 1989 durch ihr aktives Tun im Sinne eines Umbruchs der politischen Verhältnisse ihres Landes Geschichte durch das eigene Tun bewegten, so beginnen jetzt zunehmend die Akteure der gestrigen Tage, diese Prozesse vor einem geistigen Auge Revue passieren zu lassen. Hans-Gerd Adler ist einer von ihnen und zählt überdies zu jenen, welche durch ihr eigenes Engagement das Szenario dieser Wende auf dem Eichsfeld wesentlich mitschrieben. Sein Tun während dieser Herbsttage bestand weithin darin, die Wirklichkeit der DDR mit den Mitteln der Satire zu beschreiben und dies auf der Basis einer auf der volkskirchlichen Gemeinschaft ruhenden christlichen Grundwerteorientierung. Dieser Duktus geht auch in seiner nachfolgenden Darstellung der im politisch-gesellschaftlichen Bereich begonnenen Wende während der Herbsttage des Jahres 1989 auf dem Eichsfeld nicht verloren und läßt manches der ursprünglichen Begeisterung der Bevölkerung auch im Nachgang noch verspüren.

Mögen seine Zeilen viele Menschen erreichen und selbst dazu animieren, die eigene Sichtweite dieses Umbruchprozesses aus eigener subjektiver Betrachtungsweise zu beleuchten.

Dr. Werner Henning
- Landrat -

Vorwort

Die Eichsfelder sind schon ein besonderes Völkchen. Für manchen Fremden muten sie verschlossen, ja weltfremd an. Wer sie aber einmal kennengelernt hat, der wird erfahren, daß sie trotz ihrer mitunter konservativen Haltung lebensbejahende und fröhliche Menschen sind. Selbst 57 Jahre Diktatur haben ihren Eigenwillen nicht brechen können.

Das Eichsfeld galt wegen seiner geographischen Lage »am Ende der DDR-Welt« und am Rande des »sozialistischen Lagers« als unterentwickelt. In der offiziellen Politik der SED wurde gern das Wort vom »Armenhaus Preußens« erwähnt. Uns Eichsfeldern sollte das Gefühl vermittelt werden, daß es für Land und Leute ein Glück war, als der Sozialismus in diesem rückschrittlichen Landstrich Einzug hielt und daß uns damit eine »paradiesische Zukunft« eröffnet wird.

Gewiß waren die Eichsfelder in der Vergangenheit nicht so begütert, und ihr Leben war eher bescheiden. Es gab Armut, Hunger und Not. Pest und Typhus haben das Eichsfeld immer wieder heimgesucht und die Bevölkerung arg dezimiert. Kriege haben den Landstrich arg gebeutelt, das Land verwüstet und seinen Bewohnern Gut und Leben geraubt. Aber wo gab es das anderswo in Deutschland nicht!

All diese Unbill konnte jedoch den Menschen, die hier lebten, ihre Fröhlichkeit und Frömmigkeit nicht nehmen. Obwohl sie nie im Rampenlicht der großen Weltpolitik standen, haben sie als Handelsmann, fahrender Sänger, Saison- oder Gastarbeiter immer ihren »Mann gestanden«.

Man sagte oft, daß die Eichsfelder sich gewissermaßen »aufgegeben« hätten. Besonders ruhig war es um sie nach den beiden Aussiedlungswellen 1958 und 1962 geworden. Viel Leid brachte dieser Willkürakt der SED-Regierung über die Menschen, die im grenznahen Raum zur Bundesrepublik, im sogenannten Sperrgebiet, wohnten. Schmerzlich mußten die Eichsfelder erfahren, daß jeder, der sich »reaktionärer« Tendenzen »schuldig« machte, Haus und Hof riskierte.

Mit dem Eichsfeldplan wurde ein erneuter Versuch gestartet, die Eichsfelder ihrer Wurzeln zu berauben. Die Zwangskollektivierung der Landwirtschaft war für die ländlichen Menschen ein harter Prüfstein. Gerade weil sie so sehr mit ihrer Scholle verwurzelt waren, empfanden sie diesen Eingriff als besonders schmerzlich.

Jahrhundertelang hatte das religiöse Leben die Öffentlichkeit geprägt. Immer wieder wurde es in den vergangenen Jahrzehnten zurückgedrängt und beschnitten. Wen wundert es da, wenn die Beteiligung an den religiösen Veranstaltungen, an der Palmsonntagsprozession und an den vielen Wallfahrten zu den zahlreichen Wallfahrtsorten im Eichsfeld, besonders in den letzten Jahren, spürbar anstieg? Auch wenn das »Nationalheiligtum« der Eichsfelder, der Hülfensberg, wegen seiner grenznahen Lage für die Gläubigen nicht mehr zugänglich war, sammelten sich jährlich Abertausende von Wallfahrern im Klüschen Hagis, in Etzelsbach und Worbis.

Wie überall war es ein großes Problem, daß durch das von der Stasi organisierte flächendeckende Mißtrauen ein schmerzlicher Riß durch die Bevölkerung ging. Einheimische, Arbeitskollegen, Freunde, Bekannte und Verwandte waren durch das Gift dieser unmenschlichen Geißel des SED-Regimes belastet. Vielfach bekamen die aufgrund staatlicher Order »Eingewanderten« das Mißtrauen der Bevölkerung besonders zu spüren.

Das, was den Eichsfelder Menschen in all diesen Jahren der Bedrängnis und vielfältigen Unfreiheit stark machte, war sein Glaube. Die religiösen Veranstaltungen boten Gelegenheit, zu zeigen, daß man eines Sinnes war und zusammenhielt. Im kirchlichen Raum konnten sich die Gläubigen trotz aller Bedrängnis und Bespitzelung im Gespräch mit Gott und untereinander die Nöte von der Seele reden.

Dem Leser soll in der vorliegenden Dokumentation ein Zeugnis der friedlichen Revolution auf dem Eichsfeld vermittelt werden. Wenn einige entscheidende Ereignisse im Bild zu kurz kommen, so liegt es einfach daran, daß es zu wenig »Frontberichterstatter«, aber dafür um so mehr Kämpfer gab. Wir »Revolutionäre« aus den Zentren Worbis, Leinefelde, Dingelstädt und Heiligenstadt hätten uns gewünscht, daß in der Zeit der »heißen Phase« mehr von den Vorgängen hier auf dem Eichsfeld im Lande und in den Medien bekannt geworden wäre. Unseren Nachkommen möchten wir die für das Menschengeschlecht so wertvolle Erfahrung einer unblutigen Revolution vermitteln. Wir verbinden damit unseren Appell: Sorgt dafür, daß nie wieder Menschen durch eine Diktatur unterdrückt werden!

Ich möchte mich an dieser Stelle bei all den Mitarbeitern bedanken, die sich um diese Dokumentation bemüht haben.

Heiligenstadt, im Juni 1990
Hans-Gerd Adler

Das Eichsfeld liegt all den Menschen am Herzen, die hier wohnen, gewohnt haben oder es einmal kennenlernten. Hermann Iseke hat in seinem Lied, dem Eichsfelder Sang, treffend Land und Leute beschrieben. Beim Singen dieser »Eichsfelder Nationalhymne« schlägt das Herz eines jeden Eichsfelders höher, ob daheim oder in der Fremde.

Eichsfelder Sang

Bist du gewandert durch die Welt, auf jedem Weg und Pfade,
schlugst auf in Nord und Süd dein Zelt, an Alp und Meergestade.
Hast du mein Eichsfeld nicht gesehn mit seinen burggekrönten
Höhn und kreuzfidelen Sassen,
dein Rühmen magst du lassen!

Dort wo die junge Leine fließt, die Unstrut wallt zu Tale,
der Hülfensberg die Werra grüßt, der Ohmberg seine Hahle,
die Wipper flutet durch die Au: landauf, landab welch feine
Schau auf Tal und Hügelketten
und schmucke Siedelstätten!

Beut auch die Scholle ihren Sold oft karg der Müh dem Schweiße,
nur frischer durch die Adern rollt das Blut bei frohem Fleiße!
Und ist die Welt nicht breit und lang? Hinaus mit Reff und
Arbeitsdrang! Es zollt auch fremde Erde
das Gut dem heimschen Herde.

Dem Herd, an dem in frommer Zucht die treue Gattin waltet
und Kindern, gleich des Ölbaums Frucht, die Hände betend
faltet; dem Haus, wo noch der Herrgott gilt und nicht nur,
was den Magen stillt, wo felsenfester Glaube
die Blicke hebt vom Staube.

Eichsfelder mit Frohwanderblut und liederreicher Kehle,
heim, heim steht all dein Herz und Mut, dein Sinn und
deine Seele, heim, wo das Kreuz vom Hügel ragt
und dir von Gottes Liebe sagt! Schlägt deine letzte Stunde,
es sei auf Eichsfelds Grunde!

Diese Eichsfelder HYMNE erscholl auf jeder Demo aus Tausenden von Kehlen als Abschlußlied.

Das Lied, welches viele Jahre hindurch in den Schulen nicht mehr gelehrt und öffentlich nicht mehr gesungen wurde, erfüllt nun die Herzen aller Eichsfelder wieder mit Stolz und mit froher Hoffnung auf die kommende Zeit.

Die Revolution auf dem Eichsfeld

Nicht daß die Ereignisse auf dem Eichsfeld der springende Punkt bei der Wende im Herbst 89 gewesen wären. Nein. Man darf sogar annehmen, daß die meisten im Lande gar nicht wußten, daß es in diesem wenig bekannten Landstrich eine solch beachtliche Entwicklung gegeben hat.

Verlauf und Ergebnis der friedlichen Revolution sind aber für das Eichsfeld selbst von einer solchen Bedeutung, daß sie es verdienen, öffentlich dokumentiert zu werden.

Die Revolution begann im Eichsfeld zu einem Zeitpunkt, als in Leipzig, Dresden oder Berlin schon eine ganze Reihe von Bürgern »zugeführt« wurden. Wie überall im Lande, verfolgte man die Ereignisse mit Spannung und Angst zugleich. Wenn es auch in all den Jahren der Diktatur nur wenig Frauen und Männer gab, die dem System offen die Stirn boten und dafür Unannehmlichkeiten und Zurücksetzung erfuhren, so war doch die Hoffnung und der Wunsch, dieses System möge mit seinen ganzen unmenschlichen Erscheinungsformen verschwinden, weit verbreitet. Gerade im kirchlichen Raum konnte man das immer wieder erfahren.

Als nun klar wurde, daß die Reformbestrebungen in den Zentren des Landes die Chance boten für eine grundlegende Erneuerung des Systems, witterten auch die Eichsfelder »Morgenluft«. Ende September, Anfang Oktober kam es zu Unterschriftensammlungen für die Zulassung der Reformgruppe »Neues Forum«. Weit über dreitausend Unterschriften wurden gesammelt. Eine Sympathieerklärung für diejenigen, die es gewagt hatten, sich mit dem System anzulegen und offen auf demokratische Rechte zu pochen. Man wollte sich dem »Neuen Forum« anschließen und suchte Kontakte. Das ganze Unternehmen scheiterte allerdings daran, daß Befürchtungen aufkamen, die SED wolle diese neue Erscheinungsform am politischen DDR-Himmel unterwandern. Tatsächlich wurden die mutigen Unterschriftensammler immer wieder danach gefragt, für welches »Neue Forum« die Unterschrift denn sein soll. Erst nachdem man ein »Neues Forum von unten« vorgab, waren die Sympathisanten zur Unterschrift bereit. Damit war eine eigenständige Entwicklung des revolutionären Prozesses im Eichsfeld in Gang gesetzt. Obwohl es während der Revolution keine engeren Verbindungen zu anderen Gruppen im Lande gab, wurden die Mutigen der ersten Stunden in Leipzig, Dresden und anderswo nie vergessen.

Ende August 1989
Vorgeschichte

Aus dem Brief des evangelischen Bischofs der Kirchenprovinz Sachsen:

Liebe Schwestern und Brüder! Liebe Freunde!

In dieser Woche werden die meisten aus dem Urlaub zurück sein. Die Schule beginnt...

Manche erfahren, daß Freunde, Mitarbeiter und Kollegen fehlen, auch solche, bei denen man nicht darauf gefaßt war. Das »Sommerloch«, von dem in den westlichen Medien gern die Rede ist, war in diesem Jahr reichlich ausgefüllt mit immer neuen Meldungen über »Fluchtwelle aus der DDR«...

Nach meiner Rückkehr aus dem Urlaub im fernen Bulgarien kam dann hier die Begegnung mit unseren Zeitungen und Aktueller Kamera. Es kam mir gespenstisch vor: einige bissige Reaktionen auf ausländische Äußerungen in schöner Selbstbestätigung: ›Bei uns ist alles in Ordnung; schuld sind die anderen!‹; kein Wort von dem, was auch zwischen Fremden in der Straßenbahn und der Kaufhalle im Gespräch allgegenwärtig ist, nämlich die besorgte Frage: wo treiben wir hin?...

Wir gehen auf den 40. Jahrestag unserer Republik zu. Von *unserer* Republik wollen viele gar nicht mehr sprechen... Wir brauchen das offene, mutige und streitbare Gespräch über die Wirklichkeit unseres Landes...

Jeder ... von uns hat das Recht und die Pflicht, an diesem Gespräch teilzunehmen und selbst zu Antworten beizutragen... Unterscheiden zwischen dem, was bleiben soll, und dem, was nicht weitergehen darf ist nötig... Doch auch was bleiben soll, wird nur bleiben können, wenn es auf neue Weise angepackt wird... Ohne den Mut zur Wahrheit, die weh tut, wird kein wirkliches Vertrauen wachsen können zwischen Regierenden und Regierten. Nicht weitergehen darf die Praxis des Umgangs von Staatsorganen mit Bürgern, die die Gewährung von Rechten als Belohnung und Geschenk betrachtet...

Nicht weitergehen darf die Neigung, ungeplante Initiativen von vornherein mit Mißtrauen zu betrachten und der besonderen Beobachtung der Sicherheitsorgane zu unterstellen. Nicht weitergehen darf die Art und Weise, wie wir in unserem Lande mit Fehlern umgehen. Der Anspruch, immer recht zu haben, macht das Eingeständnis von Fehlern fast zu einer Katastrophe...

Christoph Demke

Bertram Vogt, Pfarrer in Leinefelde/Eichsfeld:

Beteiligung der Katholischen Kirche in der DDR an der Überwindung des »Stalinistischen Sozialismus«, aufgezeigt am Beispiel der Katholischen Pfarrgemeinde Leinefelde

1. Der Verkündigungsdienst der Kirche

Bischöfe und Priester haben in den zurückliegenden Jahrzehnten mit ihrem Verkündigungsauftrag den Menschen in unserem Land eine große Hilfe erweisen können. Das Wort des Apostels Paulus an seinen Schüler Timotheus, vergl. 2 Timotheus 4ff, war zu einem entscheidenden Leitwort des Verkündigungsdienstes geworden.

»Ich beschwöre dich, verkünde das Wort, tritt dafür ein, ob man es hören will oder nicht; weise zurecht, tadle, ermahne, in unermüdlicher und geduldiger Belehrung.« 2 Tim 4,2.

Dieses Wort haben die Bischöfe in ihren Hirtenbriefen befolgt; immer wieder haben sie sich mit atheistischen und antireligiösen Erscheinungsformen des »Sozialismus« auseinandergesetzt. Das gilt vor allem, wenn es um die Fragen des Erziehungsrechtes der Eltern ging, die erzwungene Teilnahme an der Jugendweihe, den Wehrkundeunterricht in den Schulen und den Schutz des ungeborenen Lebens. Als Beispiel für viele mögen Worte von Bischof *Hugo Aufderbeck* stehen, die er

Wallfahrtsort
Klüschen Hagis

Bischof Hugo
Aufderbeck

am 18. Mai 1980 zur Männerwallfahrt im Klüschen Hagis im Eichsfeld sprach.

»Nun möchte ich um des Friedens willen unsere Bedenken und Einwände äußern zur Jugendweihe und zur Wehrerziehung.« Der Bischof zitiert dann aus dem Sonderheft der Eichsfelder Heimathefte im Jahr 1979 folgende Worte:

»Sie (die katholische Kirche) verspritzen gegen die Jugendweihe, das Bekenntnis zum sozialistischen Staat - Gift und Galle - das tun sie übrigens auch wieder gegen die Einführung des Wehrunterrichtes.«

Zu diesem Zitat sagte der Bischof folgendes: »Wenn wir die Freiheit zur Äußerung meinen, und aus Glaubensfreiheit, Gewissensfreiheit und aus Liebe zum Frieden der ganzen Welt zu bestimmten Fragen uns äußern, dann kann man das nicht ›Verspritzen von Gift und Galle‹ nennen, das darf kein Funktionär sagen!«

Der Bischof weiter: »Jugendweihe freiwillig -? kann ich das freiwillig nennen, wenn ich sehe, wie Eltern und Kinder bearbeitet werden, an der Jugendweihe teilzunehmen. Ich sehe Freiwilligkeit ganz anders. Es gäbe noch manches, für heute mag das genügen. Ich möchte euch nur sagen: der Priester und Bischof weiß um eure Nöte.«

Auch im Verkündigungsdienst der Gemeinden galt in der Vergangenheit für unsere Priester das Wort: »tritt auf, sei es gelegen oder ungelegen, verkünde das Wort.« Das gilt auch für die Pfarrgemeinde Leinefelde.

Seit Herbst 1977 gibt es in unserer Pfarrgemeinde die »Donnerstag-Abendmesse«. Sie enthielt in der Regel eine Kurzansprache, die sich mit dem Glauben in heutiger Zeit beschäftigte. Diese heilige Messe wurde auch immer in den Anliegen der Zeit gefeiert. In den letzten Jahren wurde regelmäßig am 1. Sonntag im September eine Predigt gehalten mit dem Thema: »Weitergabe des Glaubens durch Eltern und Pfarrgemeinde in atheistischer Umwelt.« Aus diesen Predigten 2 Beispiele:

1. Beispiel 9.9.1986 »Wird unser Handeln von der Angst bestimmt? Dürfen wir aus Angst vor irdischen Nachteilen unsere Kinder zwingen, Dinge mitzumachen, die in die Unfreiheit führen? Gottes Sohn hat sich eingesetzt, daß wir als freie Kinder Gottes leben. Woher nehmen wir das Recht, Kinder zur Teilnahme an der Jugendweihe zu zwingen, damit der Vater keine Probleme im Betrieb bekommt? Wir wollen am Glauben festhalten und uns nicht abbringen lassen von der Hoffnung, die uns das Evangelium schenkt.« Vergl. Kol 1, 23

Rechte Seite: Kath. Pfarrkirche St. Maria Magdalena Leinefelde

2. Beispiel am 6. 9. 1987 »Führe dein Kind zu Gott.« Zitat aus Ezechiel 33,7-9 »Wenn du nicht warnst, fordere ich Rechenschaft von dir«

Predigtzitat: »Hindernisse auf dem Weg zu Gott gilt es zu erkennen. Hindernisse sind falsche Lehren über Sinn und Ziel des Menschseins. In diesem Land wird uns offiziell immer wieder viel Falsches gesagt. Aufgabe der Eltern ist es, zu warnen vor den falschen Lehren.«

2. Die Kirche als Raum des offenen Gesprächs

2.1. Nur innerhalb des Raumes der Kirche gab es Gespräche als Möglichkeiten der freien Aussprache. »Sagen können, was man denkt.« Es war wichtig und gut, daß solche offenen Gesprächsabende möglich waren. Sie waren aber auch immer von einer gewissen Sorge begleitet, daß Mitarbeiter der Stasi mithören könnten.

2.2. Gesprächsrunde außerhalb des Kirchenraumes

Im Herbst 1987 bildet sich in Leinefelde eine Gruppe, die sich in der öffentlichen Gaststätte trifft. Diese Gruppe sucht den Kontakt untereinander. In der Regel sind es Menschen, die aus der DDR hinausdrängen und nun sich untereinander austauschen wollen über die Art und Weise, wie ihre Ausreiseanträge bearbeitet werden. Diese Gruppe sucht dann durch einzelne Vertreter Rat bei dem Geistlichen der Gemeinde. Am 29. 2. 1988 schlägt die Stasi mit 5 Verhaftungen zu. 3 von den Verhafteten waren kurz zuvor bei mir, um mir mitzuteilen, was sie befürchteten. Von nun an hat die Kirche auch den Einsatz für die Verhafteten zu leisten. Sie ist Anlaufstelle und Ansprechpartner für die Angehörigen. Sie betet öffentlich in den Gottesdiensten, besonders den Kreuzwegandachten des Jahres 1988, für die zu Unrecht Inhaftierten. Diese offene Sprache nach außen wird von vielen verstanden.

3. Die Ereignisse im Herbst 1989

Im Verkündigungsdienst der Kirche haben wir in diesem Herbst, besser gesagt nach den Sommerferien, gemerkt, daß viele Lebensprobleme deutlicher genannt werden müssen.

Ich möchte hier folgende nennen:

- Die Unsicherheit in vielen Lebensfragen, da die Planwirtschaft nicht den erwarteten Erfolg bringt.

• Menschen spüren, daß von Menschen erdachte Satzungen und Gebote nicht dem Wohlergehen der menschlichen Gemeinschaft dienen. Ratlosigkeit macht sich immer mehr bemerkbar.
• Viele meinen, der einfachste Weg sei: nicht auffallen, alles mitmachen, was da vorgeschrieben wird. »Wir können ja doch nichts ändern!« ist die Meinung vieler Menschen. Die Frage der Verkündigung lautet dagegen: »Können wir damit vor unseren Kindern bestehen?«

Die Predigt am 3. September 1989 nennt Grundhaltungen, die dem Frieden dienen:
• Wahrheit als Lebensgrundlage im menschlichen Umgang, das gilt auch für den Staat. Menschen wollen nicht länger belogen werden.
• Gerechtigkeit: Rechte, die Gott uns Menschen gegeben hat, werden heute mit Füßen getreten. Die Menschen unseres Landes wollen der Ungerechtigkeit entfliehen; viele verlassen unser Land.
• Liebe: sich nicht über den anderen erheben. Wir ertragen nicht länger die Überheblichkeit mancher Menschen, die meinen, über uns verfügen zu können.
• Freiheit: sich nicht zwingen lassen zu Dingen, die dem christlichen Gewissen nicht entsprechen.

Der Verkündigungsdienst im September 1989 wurde immer schwieriger. Im August kamen 2 neue Kapläne nach Leinefelde. In jugendlicher Unbekümmertheit sprachen sie Ereignisse an, in denen die staatliche Obrigkeit auf ihre Fehler aufmerksam gemacht wurde.

Beispiel:

40 Jahre DDR – die Zahl 40 in der Heiligen Schrift – 40 Jahre durch die Wüste. Der Verkündigungsdienst im September 1989 konnte nicht vorübergehen an dem, was in der Öffentlichkeit nun in aller Munde war:
• das Weglaufen der Menschen aus unserem Land;
• die Angst vor dem Staat, der nur herrschen und feiern will;
• die Einschüchterungsversuche durch Stasi-Angehörige, die Menschen zur Ruhe und zum Gehorsam zu zwingen.

Aus diesem Aufsatz wird im folgenden mehrmals zitiert. Die Zitate werden ohne Datumsangabe immer eingeleitet mit: »Bertram Vogt, Pfarrer in Leinefelde:«

Aus dem Hirtenbrief des Bischofs von Magdeburg:

Liebe Schwestern und Brüder!

Die Tage seit dem 11. September und schon die vorangegangenen Wochen haben uns alle betroffen gemacht. Tausende von Mitbürgern, wir wissen bis heute noch nicht, wie viele tausend Christen unter ihnen sind, haben die DDR verlassen. Dieser Fortgang so vieler Menschen kann uns nicht gleichgültig lassen. Vor allem deshalb nicht, weil schon viele Monate vor der Flucht über die ungarisch-österreichische Grenze, Tausende von Menschen die DDR über Ausreiseanträge auf legalem Wege verlassen haben. Nicht nur unsere Krankenhäuser und sozialen Einrichtungen sind durch diese Entwicklung gefährdet, überall sind Lücken gerissen worden, die inzwischen nicht mehr zu füllen sind... Es macht mich betroffen, daß auf die meisten ... Fragen staatlicherseits keine Antworten gegeben werden. Solche Fragen lauten:

Warum dürfen wir nicht in das Land reisen, in welches wir reisen möchten? Warum zahlt sich Leistung bei uns so wenig aus? Warum traut man uns keine Privatinitiative zu? Warum gibt es bei uns mehrere Parteien, wenn doch nur die *eine* recht hat?...

Dazu kommen die alltäglichen Probleme:
Die Jagd nach den Dingen des täglichen Bedarfs, vom Obst und Gemüse angefangen, bis hin zu den Autoersatzteilen, hält die Menschen in Atem. Der Gang zu den Behörden, zum Beispiel in Wohnungsangelegenheiten, zum Beispiel in dem Wunsch, in andere Länder reisen zu dürfen, bereitet Angst. Angst, schon beim ersten Anlauf gesagt zu bekommen, man sei nicht antragsberechtigt. Die Angst, ständig bewertet zu werden, danach, wie man politisch diskutiert, welche Meinung man zu tagespolitischen Ereignissen hat, danach, wie man sich ein- und unterordnet und dabei möglichst wenig auffällt... Ich bitte Sie, sich Gedanken zu machen, sich einzumischen: Teilen Sie mir Ihre Ängste, Ihre Hoffnungen, Ihre Wünsche, Ihre Nöte, Ihre Vorschläge mit!

Ich ermutige Sie, in allen Gruppen Ihrer Pfarrgemeinde über die Dinge, die uns in diesen Tagen so unter die Haut gegangen sind, zu reden, um Ideen zu entwickeln und Vorschläge zu unterbreiten.

Ob unsere Meinung erwünscht ist oder nicht, wir fühlen uns von Gott her verpflichtet, unsere Stimme zu erheben, mit dafür Sorge zu tragen, daß das Ruder noch herumgerissen wird, bevor es zu spät ist...

Ihr Bischof
gez. + Johannes Braun

Dienstag, 3. 10. 89 Heiligenstadt

Aus dem Antwortschreiben der Schönstatt-Familienliga:

Hochwürdigster Herr Bischof Braun!

Zunächst möchten wir Ihnen für Ihre offenen Worte ganz herzlich danken. Mit großem Interesse haben wir Ihren Brief gelesen und fühlen uns durch Ihre mutige Darlegung aktueller Probleme angesprochen.

Das, was Sie in Ihrem Hirtenbrief sagen, findet unsere uneingeschränkte Zustimmung...

Als Ergänzung der von Ihnen aufgeführten Fakten möchten wir noch folgende wichtige Punkte erwähnen:

- Volle Offenheit hinsichtlich der Umweltsituation auf dem Gebiet der DDR (Luft, Wasser, Wald, Müll- und Gülledeponien usw.);
- Zulassung alternativer Gruppen als Ausdruck echter Volksdemokratie;
- Forderung nach freien Wahlen und Respektierung des Mehrheitswillens der Bevölkerung.

Bei all den aktuellen Sorgen und Nöten ist das Gebet ein unerläßlicher Kraftquell.

Darum sollten die Gläubigen erneut dazu aufgerufen werden, in Gebetskreisen um Gottes Beistand, den Hl. Geist, zu flehen und sich einander Trost und Zuversicht zuzusprechen.

Mit allen guten Segenswünschen (für Sie und Ihre Herde) grüßen Sie die Mitglieder der Schönstatt-Familienliga aus Heiligenstadt.

In der Anlage befindet sich eine Liste mit Unterschriften unserer Gemeinschaft.

Bertram Vogt, Pfarrer in Leinefelde:

4. Der Aufbruch im Herbst 1989

Es gab im September 1989 keine Absprachen zwischen den Priestern in der Gemeinde, wie man die Zeitprobleme ansprechen solle. Jeder tat das auf seine Weise. Die beiden jungen Kapläne etwas bissig und ironisch, die beiden Pfarrer vielleicht etwas sorgenvoller. Ich denke da an meine Predigt am 17.9.1989. Eine Predigt, in der folgendes gesagt wurde: »Viele sind in den letzten Tagen auf und davongelaufen. Uns allen wünsche ich, daß wir nachdenkend fragen: was ist gut für uns und die Zukunft unseres Volkes. Es steht uns nicht zu, das Handeln derer zu beurteilen, die weggegangen sind. Aber wir als Kirche sind in Sorge. In dieser Sorge fragen wir: wie soll es weitergehen? Über diese Frage, so meinen wir, muß in unserem Land offen gesprochen werden.«

Über diese Sorge habe ich dann auch am 8. Oktober vor mehr als 3000 Wallfahrern auf dem Hülfensberg gesprochen. In Sorge, daß viele Menschen den Eindruck haben, die Verantwortlichen haben nur das Feiern im Kopf, aber nicht die Sorgen der Menschen. In Sorge, daß es so wenig Gesprächsbereitschaft gibt, um echte Probleme und Sorgen zu lösen. Alle Sorgen der Menschen unserer Tage wollen wir vor Gott tragen. In der Predigt auf dem Hülfensberg wurden dann vor allem 2 Bilder vorgestellt.

Das erste Bild - »Ihr seid das Salz der Erde«. (Mt. 5.13)

Wir Christen haben die Aufgabe, hinzugehen und dafür zu sorgen, daß das Leben in unserem Land auch in Zukunft noch schmeckt und eine gute Gemeinschaft erhalten wird.

Das zweite Bild - »Ihr seid das Licht der Welt«. (Mt. 5.14)

Für dieses Bild schloß ich mit einem Vergleich:

»Eine Familie ist am Abend im Wohnzimmer versammelt, die meisten schauen in den Fernseher. Die Mutter sitzt bei der Lampe und hat noch Näh- und Flickarbeiten zu erledigen. Der Vater ist eingeschlafen. Nur die jungen Leute interessieren sich, was draußen in der Welt vor sich geht. Plötzlich kommt Stromsperre. Die jungen Leute sind gestört. Sie stehen auf, sie gehen hinaus, sie verlassen das Haus. Sie wollen in die Welt, um zu erfahren, was draußen los ist. Sie wollen endlich etwas erleben. Der Vater, von der Störung wach geworden, steht auf, ihm fällt ein, daß er ja noch etwas zu feiern hat. So geht er feiern. Er will 40. Jahrestag feiern. Alle schütteln mit dem Kopf, wie kann man jetzt bloß zum Feiern gehen. Nur die Mutter weiß, wo die Streichhölzer liegen und wo eine Kerze ist. Sie zündet eine Kerze an und so kommt Hoffnung in die Wohnung. Laßt uns Mutter Kirche sein, damit Hoffnung zu den Menschen getragen werden kann.« Viele haben gespürt, daß hier über die augenblickliche Situation ein deutliches Wort gesagt wurde.

Am Abend des 6., 7. und 8. Oktober brannten in vielen Fenstern die Kerzen als Zeichen der Hoffnung...

Sonntag, 15.10.89 Heiligenstadt

Um 15.00 Uhr findet in Heiligenstadt (St. Ägidien) eine Andacht statt, in der in den gegenwärtigen Anliegen und Problemen unserer Gesellschaft gebetet wird. Zunächst wird aus dem Aufruf des »Neues Forums«, dem Hirtenwort von Bischof Braun und aus dem »Aufruf zur Einmischung in eigener Sache« von »Demokratie jetzt« vorgelesen. Dann folgen die Fürbitten:
Herr Jesus Christus. Wenn wir uns die Situation unseres Landes vor Augen führen, spüren wir vielfach Freude und Hoffnung, aber auch Angst, Sorge und Ohnmacht, Rat- und Hilflosigkeit. Voll Vertrauen wollen wir alles im Gebet vor Dich hintragen.

- Viele menschliche Beziehungen sind durch die Ausreisebewegung zerbrochen und zerstört worden. Viel Enttäuschung lebt in den Menschen auf beiden Seiten der Grenze. ...
Wir bitten Dich. Hilf allen davon Betroffenen über diese Verluste hinweg.
- Manche tragen sich noch mit Gedanken an eine Ausreise. ...
Schenke ihnen den Mut, hier zu bleiben.
- Viele Mitbürger sind resigniert und ohne Hoffnung auf positive Entwicklungen in der Gesellschaft und ihrem Leben. ...
Laß sie Mut, Vertrauen und Hoffnung finden.
- Manche DDR-Bürger, die anders denken und offen für Veränderungen eintraten, sind in den Auseinandersetzungen der letzten Wochen verhaftet und bestraft worden. ... Wir denken auch an die Opfer der Gewalt auf beiden Seiten. ...
Wir bitten Dich. Hilf uns, daß wir in unserer Gesellschaft lernen, gewaltfrei miteinander umzugehen, wo verschiedene Meinungen und Interessen gegeneinanderstehen.
- Viele Mitglieder der Partei zeigen sich jetzt gesprächsbereit für einen öffentlichen Dialog. Viele, so befürchten wir, sind

aber noch befangen von dem Anspruch, schon jetzt die gültige Wahrheit zu besitzen und die richtige Lösung zu haben. …
Erlöse sie und uns alle aus solcher Enge und führe uns in Deine Freiheit.

- Wir sind sehr unerfahren und ungeübt im demokratischen Mitdenken und Handeln. …

Hilf uns, die eigene Meinung zu finden, uns offen zu artikulieren und im Dialog aufeinander zu hören.
Laß jeden auf seine Weise dazu beitragen, daß die DDR zu einer echten deutschen demokratischen res publica wird.

- Oft haben wir das Gefühl der Resignation vor den vielen Problemen, die heute vor uns stehen und auf uns zukommen.

Schenke uns Mut, Geduld und Gelassenheit, sie wahrzunehmen und zeige uns die Punkte, an denen wir ansetzen und vertrauensvoll miteinander Schritte der Veränderung gehen können.

- In unseren Gemeinden findet in den nächsten Wochen »Mission« statt: der Versuch einer Auffrischung, Vertiefung und Stärkung unseres Glaubens. …

Wir bitten Dich. Schenke uns dazu Deinen Geist. Öffne uns neu für Dein Wort und mache uns fähig und bereit, auch miteinander einen tieferen Dialog darüber zu beginnen, wie wir in unserem Land heute als Christen die Ankunft Deiner Friedensherrschaft überzeugend leben können.

Montag, 16. 10. 89 Heiligenstadt

Die erste Zusammenkunft Gleichgesinnter in Heiligenstadt

Am 16.10.1989 trafen sich im Pfarrgemeinderaum von St. Gerhard siebenundzwanzig gleichgesinnte und zuverlässige Männer und Frauen aus Heiligenstadt und Lutter. Der Kreis sollte nicht größer sein, um einen zuverlässigen Konsens zu finden und effektive Arbeit leisten zu können. Die Teilnehmer waren von zwei Initiatoren eingeladen worden.

Zunächst wurde ein kurzes Statement vorgetragen, welches nachfolgend wiedergegeben wird.

Liebe Freunde!
Zu unserem kurzfristig anberaumten Treffen zu aktuellen Problemen in unserem Land heiße ich Euch herzlich willkommen! Euer Kommen zeigt mir, daß Ihr gewillt seid, an der

Lösung aktueller Probleme in unserem Lande mitzuwirken - sicher keine leichte Aufgabe.

Für diese Eure Bereitschaft möchte ich mich ganz herzlich bedanken.

Doch ehe wir zu den einzelnen Beratungspunkten kommen, gestattet mir, ein paar persönliche Überlegungen zu äußern. Es geht nicht darum, die längst überfälligen Reformen in der DDR durch eine gewaltsame Revolution herbeiführen zu wollen. Aber wir wollen, wir brauchen eine grundlegende Erneuerung in diesem unserem Lande. Gemeinsam wollen wir überlegen, was wir hier bei uns auf dem Eichsfeld dazu beitragen können.

Sind wir mitschuldig? Sicher sind wir irgendwo mitschuldig, daß es soweit gekommen ist, daß so viele junge Menschen tagtäglich unser Land verlassen, weil sie hier keine Zukunft mehr sehen. Wir haben uns mitschuldig gemacht, mitschuldig durch unser Schweigen, durch unser »Kleinbeigeben«, durch unsere offene und latente Resignation, durch unser untertäniges Handeln (z.B. bei den Wahlen) in all den zurückliegenden Jahren.

Aber, Freunde, wir haben jetzt die Chance, wiedergutzumachen. Gerade als Christen sind wir aufgefordert, uns aktiv bei der Gestaltung der menschlichen Gesellschaft einzubringen. Es genügt nicht, daß wir uns hinter die Kirchentüren verschanzen, den Himmel bestürmen und warten, daß Gott schon irgendwie, ohne unser eigenes Zutun, sorgen wird, daß andere für uns aktiv werden, daß andere für uns schon richtig entscheiden und handeln werden. Unsere alte Einstellung, nur nicht auffallen, nur nicht anecken, unser bißchen Habchen und Babchen - unser Hab und Gut nur nicht in Gefahr bringen und ansonsten immer den rechten »westlichen Beistand« zu erfahren, müssen wir sicher ablegen, auch wenn es uns hier und da weh tun wird.

Es gilt, als erstes die Angst zu überwinden, aus der Lethargie der Angst zu erwachen. Ich meine, daß wir trotz unserer Ängste bezüglich möglicher Konsequenzen unseres Handelns, trotz der Ängste, sich nicht entsprechend artikulieren zu können, trotz der Ängste, Rede und Antwort stehen zu müssen, trotz der Frage, was nützt es uns, wer dankt es uns, uns gegenseitig Mut machen sollten, aus dieser Lethargie aufzuwachen, nach unseren Fähigkeiten zu suchen, nach unserer Verantwortung zu fragen und vor allem, nach unserem Gewissen zu handeln.

Das, was vielleicht auf uns zukommt, ist sicher nicht ungefährlich und einfach zu bewältigen. Aber sollen wir uns von unseren Nachkommen vorwerfen lassen, daß wir feige waren? Vielleicht denken wir einmal daran, was wir selbst unseren Eltern und Großeltern auf irgendeine Art und Weise vorgeworfen haben, wo sie in den Jahren nach 1933 etwa versagt haben. Sind solche Fragen oder Behauptungen wie »Wo wart ihr denn damals?« oder »Ihr habt doch auch alles mitgemacht, was man von euch verlangt hat!« uns nicht noch recht lebendig vor Augen?

Jeder von uns spürt sicher selbst, wie weit er auf diesem geschichtlichen Hintergrund sich persönlich ein paar Fragen stellen und auch beantworten muß. Jeder von uns hier ist aufgerufen, sich zu fragen, inwieweit er bis heute auch alles nur mitgemacht hat, weil es, ja gerade, weil es ja »verlangt« wurde. Wie oft haben wir doch alle anders gedacht, als wir gehandelt haben. Das ist natürlich alles sehr zu differenzieren. Aber um auf unsere »Mitschuld« noch einmal zu sprechen zu kommen, fängt sie nicht gerade in den kleinen und scheinbar unbedeutsamen Dingen an? Es sei hier erinnert an die Maidemonstrationen, die Jugendweihe oder den Beitritt zu den Massenorganisationen, FDJ, DSF usw.

Niemand soll für dieses sein Handeln angeklagt werden. Wir wollen uns nicht zum Richter über andere machen. Aber es ist an der Zeit, sich neu zu besinnen! Es ist an der Zeit, sich als Christ zu bekennen! Es ist an der Zeit, auch die, die neben uns gehen, von der Notwendigkeit des aktiven Mittuns zu überzeugen! Wir können, ja wir dürfen nicht mehr schweigen, wenn es um Wahrheit, Gerechtigkeit, Frieden und Freiheit der Menschen in unserer Heimat geht!

Bevor wir uns über unsere Aktivitäten verständigen, laßt uns den Herrn um den rechten Geist bitten:

- den Geist, der uns lehrt, die Zeichen der Zeit recht zu erkennen, der uns befähigt, die Geister der Zeit zu unterscheiden;
- den Geist, der uns Mut und Kraft verleiht, die bestehenden Probleme überzeugt anzupacken;
- den Geist, der uns befähigt, für Wahrheit, Gerechtigkeit, Frieden und Freiheit einzutreten;
- den Geist, der uns befähigt, auf unsere Mitmenschen zuzugehen, tolerant zu sein und aufeinander hören zu können;
- den Geist, der uns die rechten Worte verleiht, der uns antreibt für die rechte Tat zur rechten Zeit;
- den Geist der Liebe, der uns lehrt, in allem gewaltlos zu handeln.

Laßt uns nun diese Bitten in dem Gebet zusammenfassen, welches der Herr uns zu beten gelehrt hat...

Auf dieser ersten Versammlung wurden folgende wichtige Festlegungen getroffen:

- Solidarität gegenüber den Initiativgruppen und Aufnahme von Verbindungen zu diesen;
- Ausdehnung der Unterschriftensammlung für das Neue Forum auch auf die Eichsfelddörfer;
- Vervielfältigung der verschiedensten Aufrufe;
- Bildung von Arbeitskreisen, um den Dialog mit den staatlichen Organen in der Öffentlichkeit und in den Betrieben zielgerichtet führen zu können;
- Bildung einer Koordinierungsgruppe;
- verstärkte Einbeziehung aktueller Probleme bei den religiösen Veranstaltungen wie Volksmission vom 17. bis 29. 10. in Heiligenstadt und bestehendem Montagsgebetskreis in St. Gerhard.
- Zeichen setzen. Als Zeichen der Verbundenheit mit allen, die für eine Erneuerung unserer Gesellschaft eintreten, sollen montags brennende Kerzen in die Fenster gestellt werden.
- Einbeziehung der evangelischen Gemeinde;
- Einholung einer Rechtsberatung für den Fall möglicher Verhaftungen.

Infolge »zunehmender Diskussionen« über »Reformbewegungen« in der DDR wird über die Betriebsparteiorganisationen eine Art »Gegenoffensive« zur »wahren Aufklärung des werktätigen Volkes« gestartet. Im größten Betrieb des Kreises Heiligenstadt, dem VEB SOLIDOR mit rund 2500 Beschäftigten, sollen die Werktätigen im Rahmen des traditionellen Mittwochgespräches ihre Gedanken einbringen, wie der Sozialismus immer attraktiver gestaltet werden kann. In der Anleitung vom 16. 10. 89 heißt es wörtlich:

VEB Kombinat Solidor
Parteileitung

...»Es sei klar gesagt, wer den Kapitalismus will, der sollte kühl alles abwägen und wenn er dann bei seiner, aus Illusion sowohl über den Kapitalismus als auch über die heutigen Möglichkeiten des realen Sozialismus in der DDR resultierenden Meinung bleibt, dem bliebe nur der Weg, sich neu zu ordnen oder einen Ausreiseantrag zu stellen.

Denn Kapitalismus wird es in der DDR nicht geben, da die überwiegende Mehrheit unserer Menschen sich klar für den Sozialismus entschieden hat!...

...Nun gibt es Stimmen, die genau das, nämlich die führende Rolle der SED, infrage stellen.

Klar ist dabei, daß natürlich die führende Partei auf der Grundlage ihrer wissenschaftlichen Weltanschauung die Strategie und Taktik ausarbeiten und entsprechend der konkreten gesellschaftlichen Entwicklung ständig Antworten auf die Fragen der Zeit geben muß...
...Klar ist auch, daß keine andere Partei, keine CDU oder DBD und auch kein »Neues Forum« oder andere Gruppierungen, die objektiv stets nur in der Lage sind, die Interessen einer mehr oder weniger großen Minderheit, das heißt z. B. der Christen auf Grund von Analysen und Erfahrungen, nicht aber einer wissenschaftlichen Weltanschauung zum Ausdruck zu bringen.

Das heißt aber, sogenannte »freie Wahlen« also daß die CDU, LDPD oder andere Parteien gegeneinander und auch gegen die SED mit Wahlprogrammen auftreten kann doch nur zur Schwächung des Sozialismus bzw. zu seiner Beseitigung führen. (Auf diesem Wege befinden sich z. Z. leider Ungarn und Polen.)

Der Sozialismus bedarf keiner Opposition, er bedarf unter Führung der marxistisch-leninistischen Kampfpartei und unter Einbeziehung aller demokratischen Kräfte und vorwärtsweisenden Vorschläge, Hinweise und Kritiken der fleißigen Arbeit Aller, um die persönlichen, kollektiven und gesamtgesellschaftlichen Interessen entsprechend unseren Möglichkeiten immer besser in Übereinstimmung zu bringen...
...Es sei hier nochmals ausdrücklich unterstrichen, Sozialismus in den Farben der DDR, das heißt:

- führende Rolle der Arbeiterklasse und der SED als marxistisch-leninistische Kampfpartei
- breites, noch weiter auszubauendes demokratisches Bündnis mit allen Klassen und Schichten
- breite, noch zu vertiefende sozialistische Demokratie mit den 5 Blockparteien und über 200 gesellschaftlichen Organisationen

• Volkseigentum an den wichtigsten und wesentlichsten Produktionsmitteln
• sozialistische Planwirtschaft, die neben der notwendigen Gewinnerwirtschaftung noch wesentlich stärker und effektiver an den Marktanforderungen des Binnenmarktes und des Exportes zu orientieren ist
• klare Perspektive des genossenschaftlichen und privaten Eigentums an Produktionsmitteln mit noch stärkerer Ausrichtung auf die Anforderungen des Dienstleistungswesens für unsere Menschen
• soziale Sicherheit und Geborgenheit mit verstärktem Wirken des Leistungsprinzips
• gleiche Bildungschancen für alle Kinder des Volkes
• sozialpolitische Maßnahmen im Interesse unserer Menschen und für künftige Generationen
• gezielte Subventionspolitik

Das steht nicht zur Disposition. Wie wir all das und den Sozialismus immer attraktiver gestalten, dazu soll jeder seine konstruktiven Vorschläge unterbreiten.

Klar muß natürlich auch sein, positive Veränderungen bedürfen angestrengter, disziplinierter Arbeit in allen Kollektiven.

Donnerstag, 19. 10. 89 Leinefelde

Bertram Vogt, Pfarrer in Leinefelde:

In der Predigt am 15. Oktober machte Herr Kaplan Wetter noch einmal auf die Situation aufmerksam. Er war angesprochen worden, ob nicht Gelegenheit für ein offenes Gespräch sein könnte, und er lud zu einem Gesprächsabend ins Pfarrheim ein.

Was am Abend des 19. Oktober geschah, übertraf alle Erwartungen. Es kamen so viele, daß wir in die Pfarrkirche gehen mußten. In meiner Begrüßung lud ich ein, alle Sorgen auszusprechen, damit wir sie im Gebet vor Gott tragen. Wir wollen aber auch unsere Anliegen öffentlich aussprechen, um sie einzufordern.

Die beiden Kapläne übernahmen danach die Gesprächsleitung. Ängste, Sorgen, Nöte und Hoffnungen wurden ausgesprochen. Die Freilassung der vier aus Leinefelde Inhaftierten wurde gefordert. Spontan wurden Blätter herumgereicht, auf denen mit Unterschriften für die Freilassung eingetreten wurde.

Zwei Mütter erzählten von den Erfahrungen der letzten Tage: Kerzen im Fenster als christliches Hoffnungszeichen, daraufhin Besuch durch Stasileute mit der Aufforderung, die Kerzen zu löschen, was in beiden Fällen nicht befolgt wurde.

Nach dem Bericht der beiden Mütter verband uns alle ein dichtes Schweigen, in dem Angst zum Ausdruck kam; wußten wir doch um die Anwesenheit der Stasileute. Nach dieser Stille kam die Einladung, einander die Hände zu reichen und so miteinander das Vaterunser zu beten. Selten ist in unserer Kirche das Gebet des Herrn mit solcher Tiefe gebetet worden. Später wurde mir erzählt, da waren auch viele im Gotteshaus, die sicher den Text dieses Gebetes nicht kannten.

Danach kamen weitere Wortmeldungen, die in ihren Aussagen von der Sorge um die Zukunft in unserm Land getragen wurden. Auch Vertreter des noch verbotenen »Neuen Forums« meldeten sich zu Wort und stellten ihre Anliegen vor.

Die Feststellung, wie an diesem Abend, so müßte es weitergehen, wurde mit lautem Beifall begrüßt.

Folgende Einladung wurde ausgesprochen:

Jeden Donnerstagabend wollen wir die Anliegen der Zeit, das Gebet um Gerechtigkeit, Freiheit und Frieden vor Gott tragen und danach unsere Sorgen einander mitteilen, um sie dann öffentlich einzufordern.

An diesem Abend wurde auch die Einladung ausgesprochen, in kleineren Arbeitsgruppen diese Anliegen zusammenzutragen und zu formulieren.

So bildeten sich in der folgenden Zeit fünf Arbeitskreise, die regelmäßig jeden Dienstagabend in unserem katholischen Gemeindehaus sich trafen; unter ihnen auch Arbeitskreise, die sich mit den Anliegen des »Neuen Forums« beschäftigten.

Die Arbeitsgruppe »Christliche Verantwortung« entstand und formulierte all unsere Anliegen, um sie in der Öffentlichkeit vorzutragen.

Die Erlebnisse des 19. Oktober und der späteren Eindrücke von unseren Friedensgottesdiensten habe ich in folgenden Zeilen zu fassen versucht:

Ängste in Gebet verwandelt;
Schweigen in Sprache gekleidet;
Alleinsein überwunden;
Gemeinschaft neu gefunden;
So wird Knechtschaft zum Leben in Freiheit.

Die Bürgerinitiativen auf dem Eichsfeld

Auf dem Eichsfeld entstanden in den jeweiligen Zentren eigenständige Gruppen, die unabhängig voneinander arbeiteten. Sie konzentrierten sich dabei auf die speziellen Probleme ihrer Region. Selbstverständlich war man sich - auch ohne Abstimmung - in der großen Linie einig. Gelegentlich kam es zum Erfahrungsaustausch zwischen einzelnen Gruppen, z. B. bei den Eichsfelddemos. Die »aktiven Tage« (Demotage) waren untereinander nicht abgestimmt. Sie ergaben sich aus dem jeweiligen Anknüpfungspunkt zum Friedensgebet in der Pfarrgemeinde.

So ist es nicht verwunderlich, daß die Bürgerinitiativen unterschiedliche Namen trugen. Sie waren auch unterschiedlich organisiert und motiviert.

Bei der Wahl des Namens ging es in Heiligenstadt turbulent zu, ohne daß dadurch die »Schlagkraft« gelitten hätte. Der Reihe nach kam es zu folgenden Bezeichnungen:

Heiligenstädter ökumenischer Dialog - Bürgerinitiative im Neuen Forum
Heiligenstädter ökumenischer Dialog - Bürgerinitiative
Demokratische Bürgerinitiative Heiligenstadt
Demokratische Initiative Heiligenstadt

Die Suche nach dem richtigen Namen macht deutlich, welche politische Entwicklung dieses Gremium durchmachte. Von Anfang an sollte jedermann die Möglichkeit der Mitarbeit in der Initiativbewegung haben, ausgenommen Mitglieder der SED und deren »Verbündete«. Die Bezeichnung »ökumenisch« sollte zum Ausdruck bringen, daß nicht nur den Katholiken der Zutritt zu dieser Gruppe gestattet war. Schließlich wurde ein Name gewählt, der auch die Nichtchristen zur Mitarbeit einlud. Letzteres sind die Gründe, warum z. B. ein Zusammenschluß mit dem »Christlichen Zentrum Dingelstädt« nicht zustande kam.

Wichtige Arbeitsgruppen waren:

Demokratische Initiative Heiligenstadt:
Gruppe Demokratie

Gruppe Wirtschaft und Entwicklung
Gruppe Bildung und Erziehung
Gruppe Ökologie und Landwirtschaft
Gruppe Kirche und Gesellschaft
Gruppe Gesundheits- und Sozialwesen
Gruppe Stadtentwicklung und Sanierung
Gruppe Aufarbeitung Geschichte 40 Jahre DDR
Aus dieser Gruppe wurden vier engagierte Mitglieder in die Sonderkommission zur Aufklärung von Verbrechen, Korruption und Amtsmißbrauch berufen.

Weitere Mitglieder der DI waren am Runden Tisch und in den Ratssitzungen vertreten.

Die Gruppen arbeiteten eigenständig. Jeweils ein Sprecher dieser Gruppen wurde in den *Sprecherrat* delegiert. Dieser war gleichzeitig für die Arbeitsfähigkeit der Gruppe verantwortlich.

Im Sprecherrat wurden Ergebnisse und Aufgaben abgestimmt und Themen für die nächste Demo vergeben. Aktionen wie Volksfest, Menschenkette und Politfasching wurden ebenfalls vom Sprecherrat organisiert. Außer den Delegierten der Arbeitsgruppen standen fünf weitere Personen als Organisatoren und Sprecher und Bürgerinitiative vor. Delegierte und Vorstand wurden von den Mitarbeitern aller Gruppen demokratisch gewählt. Die Zusammenkunft war wöchentlich, die Vollversammlung tagte insgesamt fünfmal.

»Ableger« der DI Heiligenstadt gab es in den Orten Lutter, Uder und Krombach.

Christliche Verantwortung Leinefelde:
Arbeitskreis Christliche Verantwortung
Arbeitskreis Umwelt
Arbeitskreis Bildung
Arbeitskreis Soziale Gerechtigkeit
Arbeitskreis Handwerk

Christliches Zentrum Dingelstädt:
Gruppe Umwelt
Gruppe Wirtschaft
Gruppe Christlich-politische Grundfragen
Gruppe Familie, Erziehung und Schule

Demokratische Erneuerung Worbis:
In Worbis wurden keine Arbeitsgruppen gebildet. Die aktuellen Tagesprobleme wurden gemeinsam in großen Dialogrunden besprochen. Diese fanden allwöchentlich im Kulturhaus statt und wurden von Vertretern der Kirche und der staatlichen Stellen unter Teilnahme der Bevölkerung gemeinsam gestaltet.

Es erhebt sich die Frage, was aus den Bürgerinitiativen kommunalpolitisch geworden ist. Viele der aktiven Mitarbeiter haben sich für einen Beitritt zur CDU entschlossen. Das ist verständlich. Die Gründung einer eigenen Partei für das Eichsfeld erschien nicht zukunftsträchtig. Im Zusammenhang mit einer landes- oder deutschlandweiten Politik hätte sie über zu wenig Gewicht verfügt.

Insgesamt wurde die CDU im Eichsfeld durch die Bürgerinitiativen neu in die Pflicht genommen und durch die Aufnahme neuer Mitglieder aus den Reihen der Initiativgruppen grundlegend erneuert. Daß der Weg richtig war, wurde durch das Ergebnis der Kommunalwahlen bestätigt. Während die Demokratische Initiative Heiligenstadt auf der Liste der CDU kandidierte, bildeten die Freunde vom Christlichen Zentrum Dingelstädt bei den Kommunalwahlen eine eigene Liste. Viele Mitglieder der Bürgerinitiativen bekamen das Vertrauen der Bevölkerung bei den Kommunalwahlen ausgesprochen und arbeiten seitdem haupt- als auch ehrenamtlich in Verwaltung und Parlament der Gemeinden, der Städte und der Kreise mit.

Montag, 23. 10. 89 Heiligenstadt

Unmittelbar nach der ersten großen Demonstration in Leipzig begann man auch im Eichsfeld mit der Bildung von Bürgerinitiativen. Diese setzten sich zum Ziel, den Prozeß der Umgestaltung auf dem Eichsfeld zu organisieren. Es liegt nahe, daß gerade auf dem katholischen Eichsfeld der kirchliche Raum die Basis aller folgenden Aktivitäten bildete.

War es Zufall, daß zum entscheidenden Zeitpunkt eine Volksmission in Heiligenstadt abgehalten wurde? Bezeichnend ist, daß gerade die Marienfeier den »Startschuß« zur friedlichen Revolution auf dem Eichsfeld bildete. Überfüllte Kirchen, wie sie es selbst zur Christmette am Heiligabend nicht gab und spontane »Kerzendemos« nach der Feier waren das Signal für alle.

Redemptoristenkloster in Heiligenstadt, seit 1964 zugleich Pfarrkirche der Gemeinde St. Gerhard

Es fügte sich wunderbar, daß in den kommenden Monaten an einen bestehenden Gebetskreis in St. Gerhard in Heiligenstadt angeknüpft werden konnte. Dieser »Zufall« und die fabelhafte Idee, montags sämtliche Kirchenglocken auf dem Eichsfeld läuten zu lassen und brennende Kerzen in die Fenster zu stellen, kam bei der Masse der Bevölkerung gut an. Damit wurde nicht nur ein Zeichen der Einheit für die Eichsfelder gesetzt, sondern es sollte auch die Verbundenheit mit allen Menschen im Lande, die sich für die Erneuerung der Gesellschaft einsetzten, deutlich sichtbar zum Ausdruck kommen. Dieses Zeichen der Solidarität wohl als eines der schönsten Ereignisse während der Revolution.

Programmauszug aus der Marienfeier der Gemeinde St. Gerhard:
III. Große Fürbitten
(Während des Liedes stellen sich die Vertreter der Lebensbereiche mit Kerzen hinten in der Kirche in Prozession auf; die Kerzen werden entzündet.)
Kerzenopfer und Fürbittgebet 1. Kinder, 2. Jugend, 3. Frauen, 4. Männer, 5. Schwestern, 6. Kranke, 7. Alte, 8. Besonderes Anliegen, 9. *Zukunft des Landes...*

Erste unangemeldete Schweigedemo am 23.10.89 nach der Marienfeier. Nicht nur vor den öffentlichen Gebäuden, sondern auch vor dem „Exquisit“ werden Kerzen aufgestellt - ein Signal für die notwendigen Veränderungen der Subventions- und Preispolitik.

Aus der Niederschrift einer Beratung von Mitgliedern der späteren Bürgerinitiative

Folgendes wurde festgelegt:

- Die Friedensgebete am 30.10 und 6.11. werden als kirchliche Angelegenheit betrachtet und sind nicht Sache des NEUEN FORUMS.
- Am 30.10. wird nach dem Friedensgebet eine Zusammenkunft des NEUEN FORUMS im Konviktsaal organisiert; Benachrichtigung an alle Interessenten.
- Als Bezeichnung wird »Heiligenstädter Dialog-Bürgerinitiative im NEUEN FORUM« gewählt.
- Am 30.10. sind im Konvikt die Listen zur Mitgliedschaft auszulegen, wobei darauf eingegangen werden sollte, daß das keine Mitgliedschaft im Sinne einer Partei ist.
- Das Grundlagenpapier des NEUEN FORUMS ist am 30.10. zu verlesen.

• Im weiteren Verlauf ist als Forderung aufzumachen:
1. Verwirklichung der KSZE von Helsinki mit den Punkten
Meinungsfreiheit
Pressefreiheit
Versammlungsfreiheit
Redefreiheit

2. Verwirklichung der KSZE-Folgekonferenz von Wien mit dem Schwerpunkt:
Allgemeine, freie und geheime Wahlen

3. Wer ist dafür verantwortlich, daß diese Papiere in Helsinki und Wien zwar unterschrieben, aber nicht umgesetzt wurden?

Am 30.10. sollten Arbeitsgruppen zu folgenden Themen gebildet werden:
Ökologie
Volksbildung
Medien
Demokratisierung (KSZE)
Kirche und Gesellschaft (kirchl. Soziallehre)
Historische Aufarbeitung »40 Jahre DDR«
• Von den AG werden Thesen und Argumente formuliert, die zum nächsten Gesamttreffen am 20.11. vorgetragen und diskutiert werden. Diese bestätigten Papiere sind an den RdK weiterzuleiten mit der Bitte um eine Podiumsdiskussion dazu.

gez. Diederich
i.A. der Anwesenden

Donnerstag, 26.10.89 Leinefelde

Bertram Vogt, Pfarrer in Leinefelde:

Am 19. Oktober waren etwa 700 Menschen in die Kirche zu der Aussprache gekommen. Am 26. Oktober hat die Kirche die Teilnehmer am Gottesdienst nicht fassen können. Wir schätzen, daß am 26. Oktober etwa 1000 Personen zu dem Abendgottesdienst kamen. Wir haben diesen Gottesdienst gefeiert, um Gerechtigkeit, Frieden, Freiheit, Versöhnung und Bewahrung der Schöpfung. Die Predigt, die ich an diesem Abend hielt, sollte eine Ermutigung sein, alle Sorgen und Nöte vor Gott zu tragen und zugleich bereit zu sein, die Anliegen auszusprechen. Waren schon am 19. Oktober viele mit brennenden Kerzen in den Händen zum Rat der Stadt gezogen, so waren jetzt, am 26. Oktober, nach dem Gottesdienst noch viel mehr Menschen gekommen, die mit brennenden Kerzen zum Rat der Stadt gegangen sind, um dort ihre Kerzen als Zeichen der Hoffnung für einen Wandel in unserem Land aufzustellen. Es muß hinzugefügt werden, daß ich am Freitag, dem 20. Oktober, Besuch von Stasi-Leuten hatte. Sie kamen mit dem Hinweis: die Forderung der Freilassung der Inhaftierten sei ungesetzlich, da diese rechtmäßig verurteilt wurden, nach geltendem Recht. Ansonsten wurde gewarnt, daß diejenigen, die Menschen aufforderten auf die Straße zu gehen, die Möglichkeit einer Eskalation, sprich Gewaltanwendung, nicht verhindern könnten.

Ich betonte: die Christen in Leinefelde würden keine Gewalt anwenden. Ich hoffe aber auch, daß sie von keiner Seite angegriffen würden.

Für den folgenden Donnerstag, den 2. November, Allerseelen, gab es einen deutlichen Aufruf: wir wollen unsere Sprachlosigkeit überwinden und gemeinsam von der Kirche aus zum Zentralen Platz ziehen. Zunächst war noch vom Rat der Stadt angeboten worden, daß sich die Verantwortlichen des Staates in der Stadthalle zum Gespräch stellen würden. Am Mittwoch, dem 1. November, wurde von uns beschlossen und beraten, daß ein Gespräch in der Stadthalle nicht möglich sei, da es dann zu einem »drinnen« und »draußen« kommen könnte.

Freitag, 27. 10. 89 Heiligenstadt

SED Kreisleitung Heiligenstadt

Durchführung von Dialogveranstaltungen am Montag, dem 30. Oktober 1989

Für Montag

1. Für Montag, dem 30. 10. 1989, gegen 20.00 Uhr, werden folgende Dialogveranstaltungen vorbereitet:
   - *Theatersaal des Kreiskulturhauses* (eigene Beschallung) mögliche Teilnehmerzahl 600
   - Rathaussaal (eigene Beschallung) mögliche Teilnehmerzahl 250

- Saal »Eichsfelder Hof« (Beschallung durch Anlage des Rates der Stadt)
  mögliche Teilnehmerzahl 150
- Aula EOS (eigene Beschallung)
  mögliche Teilnehmerzahl 300
- Filmbühne (Beschallung durch KKH)
  mögliche Teilnehmerzahl 350
- Saal Rat des Kreises, Haus II (Beschallung durch Anlage Rat des Kreises)
  mögliche Teilnehmerzahl 200
- außerdem stehen für kleinere Gesprächsrunden folgende Räume zur Verfügung:
  .. Kulturbundklub Torwache (Karl-Marx-Straße)
  .. Sitzungszimmer Rat des Kreises, Haus II
  .. Speiseraum Rat des Kreises

2. Am Gebäude des Rates des Kreises wird eine Beschallung vorbereitet, die vom DLB gestellt wird.
   Für besondere Einsätze steht auf dem Betriebsgelände des DLB ein Lautsprecherwagen bereit. Sprecher: Gen. Harald Hoffmann

---

Sonnabend, 28. 10. 89

Der Artikel in »Das Volk« vom 25. 10. 89 s. u. war eine erste Reaktion der Presse auf die sich anbahnenden Ereignisse im Kreis Heiligenstadt. Dieser Artikel rief die Empörung Tausender hervor. Viele empfanden den Artikel als arrogant und frech. Was die Zahl der Demonstranten betrifft, so wird diese von den Teilnehmern selbst auf etwa tausend geschätzt. Daß auch Kerzen vor dem Modehaus »Exquisit« aufgestellt wurden, beweist das Foto S. 32.

Eine erste öffentliche Gegenreaktion auf den Artikel druckte das Thüringer Tageblatt unter dem 28. 10. 89 ab.

Wertvolle Zeit am Montag verschenkt?

In unserer Meldung rechts kann es jeder lesen: Am Montagabend formierte sich in Heiligenstadt ein friedlicher Demonstrationszug von 150 bis 200 zumeist jungen Menschen. Der

Zug löste sich auf, nachdem die Teilnehmer Kerzen unter anderem vor Portal und Fenster des alten Schlosses gestellt hatten. Die Demonstration verlief friedlich. Wirklich zufrieden dürfte am Montagabend aber niemand gewesen sein.

Wie auch! Es wäre ja schön und wichtig gewesen, doch selbst in Heiligenstadt läßt sich nicht der zweite Schritt vor dem ersten tun. Der Rat weiß das nun hoffentlich, obwohl bei uns ohne Zweifel kommunalpolitische Fragen anders als, sagen wir in Leipzig, stehen. Und die Teilnehmer des Zuges wissen: Obwohl es sich um eine unangemeldete und damit nicht genehmigte Demonstration handelte, griffen die Ordnungskräfte nicht ein, weil der Zug sich ausdrücklich friedlich durch die Straßen bewegte.

Sicher sind beide Erkenntnisse wichtig. Mir sind sie jedoch zu wenig. Haben wir nicht schon am Montag wertvolle Zeit verschenkt. Bewegen konnte niemand etwas, außer vielleicht den Pulsschlag vieler Menschen. Von Dialog fand ich dort keine Spur. Die Demonstrierenden glauben mit Sicherheit noch nicht, was meine Partei, die SED, mit der Wende, mit der Politik von Erneuerung und Kontinuität will. Sonst wären sie nicht auf die Straße gegangen. Die Genossen im Rat des Kreises können aber wohl ebensowenig um die Vorschläge der abendlichen Gäste wissen, denn ich habe kein Ratsmitglied gesehen. – Warum aber wurden denn die Kerzen vor den Ratsgebäuden und nicht vor dem Modehaus aufgestellt!

Es ist ein erklärtes Ziel meiner Partei, den Dialog mit allen Bürgern zu führen, damit sich jeder für einen noch lebenswerteren Sozialismus einbringen kann. Das gilt auch für das sozialistische Eichsfeld. Wir Genossen haben diesen Neuanlauf im Dialog auf die Tagesordnung gesetzt, also ist es an uns, auf die Bürger zuzugehen. Die sechs von Leipzig, Schabowski und Krack, Modrow und Berghofer, zuerst Egon Krenz, und bereits in der vergangenen Woche auch Genossen der Kreisparteiorganisation mit dem Sekretariat vornweg in Betrieben und Einrichtungen haben das nicht nur demonstriert, sondern auch praktiziert. Warum öffnen sich Montag nicht auch die Türen des Schlosses und des Rathauses!

Die Demonstrierenden will ich fragen: Ist ihr Weg ergebnisträchtig? Sind die Stadtverordnetenversammlung und die Jugendforen heute, die Rundtischgespräche in der alten Torwache und im Kreiskulturhaus morgen, zudem für das Wohngebiet II die öffentliche WBA-Sitzung Dialogangebote, die von vornherein ausgeklammert werden müssen? – Zum Dialog gehören mindestens zwei. Solange wir uns nicht aufeinander

zubewegen, bleibt das eine Dudenweisheit – und schnelle Veränderungen bleiben unnötig lange aus. *Michael Baar*
aus: Das Volk, 25.10.89

Ganz sicher keine verschenkte Zeit

Am kommenden Montag sind die Gläubigen aller Heiligenstädter Stadtgemeinden um 19 Uhr abermals zum Friedensgebet in St. Gerhard eingeladen. Aus Sorge um die Zukunft für die Menschen, wie es heißt und wie auch in allen Gottesdiensten morgen verkündet werden wird.

Was am vergangenen Montag als Reaktion auf den Aufruf der Stadtgemeinden Gestalt annahm und sich in Form der Lichterprozession nach dem Gebet in Gang setzte, mag für Heiligenstadt als erstes deutliches Zeichen des Aufbruchwillens stehen. Mag es manch Kommentator zu wenig gewesen sein, mag ihm der allerorts jetzt praktizierte (und auf jeden Fall begrüßenswerte) Dialog zwischen Demonstrierenden und Repräsentanten der Öffentlichkeit gefehlt haben – den Hunderten, die zum Friedensplatz zogen, war es erst einmal Genugtuung, sich auf diese stille und doch deutliche Weise artikuliert zu haben.

Wie schon richtig erkannt wurde: Der zweite Schritt läßt sich nicht vor dem ersten tun. Und richtig war auch: Es ertönte am Montagabend nicht der Ruf nach dem Bürgermeister oder dem Vorsitzenden des Rates des Kreises. Wir sind gewiß, wäre nach ihnen verlangt worden, hätten sie sich dem Gespräch gestellt. Der gute Wille dazu wird momentan in vielen Foren, Diskussionsrunden und anderem bewiesen. Bereitschaft zum Dialog bekundete man auch in der Stadtverordnetenversammlung.

Viele der Kerzen Tragenden am Montag waren zufrieden mit dem, was sie taten, traten gestärkt und ermutigt den Heimweg an. Ohne das »Eichsfeldlied« in einen »Protestsong« umzudeuten – es hatte seine Bedeutung an diesem Abend, wie es schon immer als Ausdruck des Bekenntnisses seine Bedeutung hatte. Insofern war die Stunde auf dem Friedensplatz sicherlich keine verschenkte Zeit. Eines steht zur Überlegung: Gängelei im Aufeinander-zu-Bewegen dürfte fehl am Platze sein, steht auch dem nicht gut zu Gesicht, was über die Notwendigkeit eigenständiger Meinung und Mündigkeit der Bürger oft genug betont wird. -mk-
aus: Thüringer Tageblatt, 28.10.89

Montag, 30. 10. 89 Heiligenstadt

Mit dem Friedensgebet am 30. Oktober begann die »stürmische Phase« der friedlich revolutionären Erneuerungsbewegung auf dem Eichsfeld. Annähernd 10 000 Menschen hatten sich an diesem Abend eingefunden. Wer in die Gesichter dieser Menschen schaute, der durfte davon überzeugt sein, daß es nur wenige Situationen im Leben gab, wo Menschen in einer so großen Gemeinschaft mit einer solchen Inbrunst beteten. Die anschließende, fast zweistündige Kundgebung vor dem Rat des Kreises auf dem Friedensplatz war von einer solchen Geschlossenheit, daß die damals »noch herrschende Klasse« auf Anhieb in die Schranken verwiesen wurde. Die durch die SED erfolgten Einladungen zum »Dialog« in den verschiedensten Räumlichkeiten der Stadt wurden von der Bevölkerung abgelehnt. Alle folgenden Demos fanden ausnahmslos unter nächtlich freiem Himmel auf dem Friedensplatz statt, an denen später bis zu 27 000 Menschen teilnahmen.

Der Dia-log

Wer log?
Der Dia log!
Heißt denn das nicht »Der da log« oder »Die da log«?
Ach, egal wer da log.
Ob der da log oder die da log,
ob er da log oder sie da log,
darüber sollte man nicht streiten.
Zusammenfassend kann man von »log« -
Die logen doch - ableiten!

Gehannes vum Lipsbaerge

Sicher hatten die Friedensgebete überall im Lande ihre eigene Brisanz. Zogen sie einerseits Menschen an, die aus tiefster Seele ihre Sorgen und Nöte vor den Herrn trugen, vereinten sie andererseits auch diejenigen, die von Kirche und Religion weniger hielten, die aber Gemeinschaft mit anderen in dieser so aufgewühlten Zeit suchten. Man darf hoffen, daß nach der Revolution, wenn alle Wogen geglättet sind, für jeden, der dabei war, etwas von der Kraft des Gebetes tief in seinem Inneren haftenbleibt.

Die *Friedensgebete in Heiligenstadt* verliefen meist nach einem festen Konzept. Eine Arbeitsgruppe der Demokratischen Initiative koordinierte die durch verschiedene Gruppen vorbereiteten Zusammenkünfte von Gläubigen und Bürgern. Zu den Friedensgebeten kamen nicht nur die Menschen aus Heiligenstadt und Umgebung. Selbst aus der Mühlhäuser Gegend reisten sie an, und nach der Grenzöffnung sogar aus Kassel, um dabeizusein und das »Wunder« der friedlichen Revolution hautnah zu erleben.

Der »Fahrplan« des ersten großen Friedensgebetes in St. Gerhard sei hier stellvertretend für alle aufgeschrieben.

1. Lied:
Hilf, Herr meines Lebens, daß ich nicht vergebens,
daß ich nicht vergebens hier auf Erden bin.

Hilf, Herr meiner Tage, daß ich nicht zur Plage,
daß ich nicht zur Plage meinem Nächsten bin.

Hilf, Herr meiner Stunden, daß ich nicht gebunden,
daß ich nicht gebunden an mich selber bin.

Hilf, Herr meiner Seele, daß ich dort nicht fehle,
daß ich dort nicht fehle, wo ich nötig bin.

Hilf, Herr meines Lebens, daß ich nicht vergebens,
daß ich nicht vergebens hier auf Erden bin.

2. Begrüßung
3. Gebet
4. Lesung (aus dem Propheten Ezechiel, Kap. 37,1–14)

Die Vision von der Auferweckung Israels:

Die Hand des Herrn legte sich auf mich, und der Herr brachte mich im Geist hinaus und versetzte mich mitten in die Ebene. Sie war voll von Gebeinen. Er führte mich ringsum an ihnen vorüber, und ich sah sehr viele über die Ebene verstreut liegen; sie waren ganz ausgetrocknet. Er fragte mich: Menschensohn, können diese Gebeine wieder lebendig werden? Ich antwortete: Herr und Gott, das weißt nur du. Da sagte er zu mir: Sprich als Prophet über diese Gebeine, und sag zu ihnen: Ihr ausgetrockneten Gebeine, hört das Wort des Herrn!

So spricht Gott, der Herr, zu diesen Gebeinen: Ich selbst bringe Geist in euch, dann werdet ihr lebendig. Ich spanne Sehnen über euch und umgebe euch mit Fleisch; ich überziehe euch mit Haut und bringe Geist in euch, dann werdet ihr lebendig. Dann werdet ihr erkennen, daß ich der Herr bin. Da sprach ich als Prophet, wie mir befohlen war, und noch während ich redete, hörte ich auf einmal ein Geräusch: Die Gebeine rückten zusammen, Bein an Bein. Und als ich hinsah, waren plötzlich Sehnen auf ihnen, und Fleisch umgab sie, und Haut überzog sie. Aber es war noch kein Geist in ihnen. Da sagte er zu mir: Rede als Prophet zum Geist, rede, Menschensohn, sag zum Geist: So spricht Gott, der Herr: Geist, komm herbei von den vier Winden! Hauch diese Erschlagenen an, damit sie lebendig werden. Da sprach ich als Prophet, wie er mir befohlen hatte, und es kam Geist in sie. Sie wurden lebendig und standen auf - ein großes, gewaltiges Heer.

Er sagte zu mir: Menschensohn, diese Gebeine sind das ganze Haus Israel. Jetzt sagt Israel: Ausgetrocknet sind unsere Gebeine, unsere Hoffnung ist untergegangen, wir sind verloren. Deshalb tritt als Prophet auf, und sag zu ihnen: So spricht Gott, der Herr: Ich öffne eure Gräber und hole euch, mein Volk, aus euren Gräbern herauf. Ich bringe euch zurück in das Land Israel. Wenn ich eure Gräber öffne und euch, mein Volk, aus euren Gräbern heraufhole, dann werdet ihr erkennen, daß ich der Herr bin. Ich hauche euch meinen Geist ein, dann werdet ihr lebendig, und ich bringe euch wieder in euer Land. Dann werdet ihr erkennen, daß ich der Herr bin. Ich habe gesprochen, und ich führe es aus - Spruch des Herrn...

7. Fürbitten
8. Aktuelles: Verlesen einer Antwort auf den »Volk«-Artikel »Wertvolle Zeit am Montag verschenkt«

Hinweis auf ausliegende Unterschriftenlisten für Forderungen an die Volkskammer

Vorschläge für ein Gespräch

9. Schluß: Worte des Propstes; Vaterunser; Segen
10. Lied: Herr, gib uns deinen Frieden (Kanon)

Begegnung zwischen Friedensgebet und Demo

kerzen
viele kerzen
tausende von kerzen
in der dunkelheit der nacht erleuchten sie straßen und plätze
menschen
sie tragen die kerzen in ihren händen
schützen das kleine licht, das im winde leise flackert
gesichter
diese gesichter
voller spannung
still
gebannt
alle in eine richtung auf die kirche schauend
alte gesichter
junge
die von frauen und männern
ängstliche
entschlossene gesichter
ruhig
kein muskel zuckt
was ist mit diesen menschen
was geht in ihnen vor
bereitwillig öffnen sie eine gasse
ich gehe hindurch
nur flüchtig streifen sich unsere blicke
nach vorn schauen
jeder augenblick ist kostbar
und diese stille
dieser frieden, der von den gesichtern ausgeht
eine fahne
schwarz-rot-gold
ohne emblem flattert
das einzige geräusch in der weiten runde
dann dringt es aus der kirche heraus
erst leise
dann immer lauter werdend
und ergreift nach und nach die masse
jeder singt es
auch der, der es bisher nicht kannte
das lied von der bitte um frieden

HERR GIB UNS DEINEN FRIEDEN
ja herr
in diesem frieden
bin ich dir
begegnet

Hans-Gerd Adler auf der Demo:

...und mit unserer kleinen Kraft suchen, was den Frieden schafft...

Liebe Bürger von Heiligenstadt und Umgebung!

Im Auftrag einer Heiligenstädter Ökumenischen Bürgerinitiative begrüße ich Euch zu nächtlicher Stunde hier auf dem Friedensplatz. Viele von Euch waren schon mit beim Friedensgebet in St. Gerhard, der jüngsten Gemeinde in unserer Stadt, und haben ihr Licht durch die Straßen hierher zum altehrwürdigen Zentrum getragen.

Was das kleine Licht eines jeden einzelnen bewirkt, erleben wir in dieser Stunde. Es verbreitet Frieden, spendet Licht und Wärme, es erleuchtet den Platz, der vorher noch im Dunkel lag. So soll unser Licht ein Zeichen dafür sein, daß wir die Hoffnung hinaustragen in unsere Welt - in unser Land - und daß wir es brennen lassen für Frieden und Gewaltlosigkeit, für Gerechtigkeit und Freiheit.

Ein zweites soll unser Licht symbolisieren:

Es soll ein Zeichen der Solidarität mit allen Menschen in unserem Lande sein, die sich für den Prozeß der gesellschaftlichen Erneuerung einsetzen. Unsere Sympathie und Hochachtung gilt den Mutigen der ersten Stunde, gilt allen, denen in den letzten Wochen Gewalt angetan wurde in einem Staat, der offiziell den Frieden als sein höchstes Ziel betrachtet, einer Gesellschaft, in der der Mensch als höchstes Gut im Mittelpunkt steht.

Ein drittes soll durch unser Licht verdeutlicht werden: Es soll uns sagen, gemeinsam sind wir stark - wir - das Volk. Wir stehen zusammen und lassen uns nicht auseinanderdividieren. Viele Jahre hindurch waren wir zur Unmündigkeit verurteilt, waren wir träge, furchtsam, haben resigniert und allzuoft geschwiegen, gerade dort, wo es not tat, den Mund aufzumachen.

Wir möchten bekunden, daß das nun anders werden soll

Auf dem Friedensplatz in Heiligenstadt am 30.10.89. Dieses Foto, aufgenommen vom Fenster des Rates des Kreises, löste unter den Demonstranten eine heftige Empörung aus, da das Volk überzeugt war, es handle sich nicht um einen Reporter, sondern um einen Mitarbeiter der Stasi.

und muß. Jede Regierung und jede Partei muß für den Menschen da sein. Sie muß sich als Diener der menschlichen Gesellschaft erweisen und nicht umgekehrt.

Jegliche Diktatur ist letztendlich menschenfeindlich und muß früher oder später scheitern, da sie nur die Interessen einzelner oder die einer Gruppe durchsetzt und nicht mit dem Volk und für das Volk lebt. Wir wollen nicht zurück zu den alten Zuständen aus grauer Vorzeit. Wir wollen nicht den Kapitalismus mit all seinen ungehemmten Ansprüchen, wir wollen nicht die Bundesrepublik kopieren, aber wir wollen auch nicht *den* Sozialismus, den wir 40 Jahre lang erleben mußten.

Wir bedauern außerordentlich, daß so viele Menschen den Mut und damit die Hoffnung verloren haben, daß sich unsere Gesellschaft grundlegend und wahrhaftig ändern kann. Was wir dringend brauchen sind wirksame Taten und nicht nur Worte um des Dialoges willen. Nur so können wir verhindern, daß noch mehr Menschen das Land verlassen. Es muß uns gelingen, eine Atmosphäre in unserem Lande zu schaffen, die so menschenfreundlich und zukunftsorientiert ist, daß alle, die gegangen sind, gern wieder zurückkommen.

Oder kann ein Vater, dessen Kind die Familie verlassen hat, sein Haus für alle Zeit vor diesem verschließen?

Wenn wir hier in relativ großer Menge auf dem Friedensplatz versammelt sind - unaufgefordert - aus freien Stücken - so wollen wir damit bekunden, daß wir nun alle unsere Meinung offen zum Ausdruck bringen möchten.

Wir freuen uns, daß die staatlichen Vertreter die entsprechenden Räumlichkeiten zur Verfügung stellen wollen.

Wir sind dankbar für alle Bemühungen um eine faire Auseinandersetzung, in der beide Partner gleichberechtigt sind. Wir sind auch dankbar für alle Bemühungen in der Vergangenheit, auch wenn sie nicht immer offenkundig wurden, die aber dennoch auf das Wohl unserer Bürger gerichtet waren.

Wenn wir uns, entgegen den Vorstellungen der staatlichen Stellen, nicht in den angebotenen Räumen, sondern hier, unter normalerweise ungünstigen Bedingungen - aber gemeinsam - versammelt haben, so geschieht das aus dem Grunde, daß ein fruchtbarer Dialog intensiv vorbereitet werden muß, daß weiterhin mit allem Nachdruck verdeutlicht werden soll, daß mit uns - mit dem Volk - künftig gerechnet werden muß.

Wir wollen endlich ernst genommen werden und dabei keinerlei Zweifel aufkommen lassen.

Wir sind uns darüber im klaren, daß nicht alle Fragen, die uns auf der Seele brennen, heute hier angesprochen, geschweige denn beantwortet oder gar schon einer Lösung zugeführt werden können.

Aber die Fragen, die hier gestellt werden, sollen ein unmißverständliches Zeichen dafür sein, daß etwas in Bewegung geraten ist, was zu grundlegenden Veränderungen in unserer Gesellschaft führen muß. Daher betrachten wir diese Zusammenkunft auch nicht als »Dialog auf der Straße«, wohl aber als Start und feste Absichtsbekundung.

Wir wollen auch deutlich machen, daß es uns nicht in erster Linie um die Schlaglöcher in der Lindenallee geht, sondern um die Schaffung einer Vertrauensbasis auf demokratischer Grundlage unter Beachtung der religiösen Gegebenheiten des Eichsfeldes.

Wir wollen die strikte Einhaltung der in der Verfassung festgeschriebenen Gleichberechtigung aller Menschen in unserem Lande. Das bedeutet gleiche Chancen auch für Christen und alle anderen, für die eine Mitgliedschaft in der SED nicht in Frage kommt. Als Christen wollen wir unseren Auftrag, gemäß dem Evangelium in der Welt wirksam zu werden, erfüllen dürfen.

Wir wollen uns überall dort einbringen, wo es um Wahrheit, Gerechtigkeit, Frieden und Freiheit und um die Bewahrung der Schöpfung geht.

Forderungen von Bürgern der Stadt Heiligenstadt, übergeben an den Rat des Kreises, am 30.10.1989

Unsere Gesellschaft wurde durch den Führungsanspruch der SED bestimmt. Einher ging damit der Anspruch auf die absolute Wahrheit der marx.-leninistischen Lehre. Sozialistische Demokratie im Sinne des bisher praktizierten Zentralismusprinzips hat dazu geführt, daß die Politik am Willen der Mehrheit des Volkes auf vielen Gebieten vorbeiging. Die dringend notwendige Demokratisierung unseres Landes kann nur geschehen, wenn der absolute Wahrheits- und Machtanspruch der SED aufgegeben und unabhängige Gruppen, gegebenenfalls auch Parteien, zugelassen werden.

Wir haben in unserer Stadt eine spezifisch christliche Bevölkerungsstruktur. Dem entspricht nicht die Teilnahme der Bevölkerung an Leitungsaufgaben. Wir fordern Chancengleichheit in der beruflichen Entwicklung. Persönliche Leistung und Qualifikation muß entscheiden, nicht das Parteibuch.

Wir fordern das alleinige Erziehungsrecht der Eltern und die Entideologisierung des Unterrichtes. Die Schule muß in erster Linie humanistische Bildungsinhalte vermitteln und darf nicht Erziehungswerkstatt einer einzigen Partei sein.

Der Wehrkundeunterricht und das Wehrausbildungslager haben keine Berechtigung, Unterrichtsgegenstand zu sein. Wir fordern deren ersatzlose Streichung.

Die Einstellung zu Jugendweihe und Armee darf nicht als erpresserisches Druckmittel der nächsthöheren Ausbildungsstufe eingesetzt werden.

Laut Artikel 24 der Verfassung ist die Volkskammer in freier, allgemeiner, gleicher und geheimer Wahl zu wählen. Eine Wahl ist (lt. Meyers Kleines Lexikon Lpz. 1969) die Methode der Bildung von Staatsorganen durch die Entscheidung der Bürger über deren parteipolitische, soziale bzw. personelle Zusammensetzung. Wir fordern die Einführung eines Wahlgesetzes, das der Akte der KSZE-Nachfolgekonferenz von Wien entspricht.

Wir fordern für JEDEN, der einen Dienst in der NVA generell oder den Dienst mit einer Waffe aus Gewissensgründen ablehnt, eine gesetzlich verankerte Straffreiheit und eine gleichwertige Behandlung (zum Beispiel, was den Zeitpunkt der Einberufung anbelangt).

Als Ersatz dafür sind echte Alternativen im Rahmen unmilitärischer, ziviler Dienste zu ermöglichen. Es sollen Dienste sein, die der Gesellschaft als soziale und ökologische Arbeit zugute kommen und dem FRIEDEN dienen!

Hat unser Staat so wenig Vertrauen zu seinen Bürgern, daß er sie ständig überwachen läßt?

Wir fordern den Abbau der Beschäftigten der Staatssicherheit und schlagen vor, diesen Personenkreis besonders in den Berufen einzusetzen, in denen durch die Flucht- und Ausreisewelle, die zum Teil durch das Mißtrauen des Staates hervorgerufen wurde, erhebliche Personalprobleme entstanden sind.

Wir fordern die Offenlegung ökologischer Daten, wie Angaben über den Schadstoffinhalt der Luft und des Trinkwassers. Diese Daten können nicht länger als geheime Verschlußsache behandelt werden. Wir wissen, daß seit längerem der Schwefeldioxidgehalt der Luft der Karl-Marx-Straße gemessen wird. Wie sind die Werte?

Ebenso bereitet uns die Verunreinigung des Trinkwassers durch die industrielle Viehhaltung große Sorgen. Wird ausreichend kontrolliert, wird genügend vorgebeugt? Werden Schadensverursacher wirkungsvoll bestraft bzw. zur Wiedergutmachung herangezogen?

Aus dem Protokoll des Rates des Kreises Heiligenstadt über die Demo am 30. 10. 89:

Martin Gaßmann

Er forderte, daß die SED ihren absoluten Wahrheits- und Machtanspruch aufgibt und freie Gruppen und Parteien zuläßt.

Gustel Hiesemann

Ging ein auf die ganz spezifische Bevölkerungsstruktur unseres Kreises. Die Frage, die er auf der jüngsten Stadtverordnetenversammlung stellte, blieb unbeantwortet.

Wörtlich: »Wo bleibt Chancengleichheit gewahrt, wenn nicht persönliche Qualifizierung entscheidet, sondern letztlich das Parteibuch?«

Es geht ihm darum, daß sich mit der Höhe der Leitungsebenen die weltanschauliche Struktur des Eichsfeldes nicht mehr widerspiegelt.

Brunhilde Pawelski, ehemalige Lehrerin, jetzt Hausfrau und Mutter von 4 Kindern

künftig verhindern, daß zwischen der christlichen Erziehung im Elternhaus und der marxistisch-leninistischen Bildung in der Schule eine solche Zweigleisigkeit besteht.

Sie forderte, daß der Wehrunterricht aus den Schulen verschwindet und daß die Jugendweihe kein Druckmittel sein darf bei der Bildung und Entwicklung der Kinder und Jugendlichen.

Dr. Otto Diederich, Solidor

Ging aus vom §54 der Verfassung – freie Wahlen »Ich habe in meinem Leben nie frei auswählen dürfen, durfte immer nur die Kandidatenliste der Nationalen Front *bestätigen*« richtete an die Volksvertreter die Frage: »Fühlen Sie sich ehrlich vom Volk gewählt?«

Er wollte, daß das Wahlgesetz in Übereinstimmung mit der KSZE-Nachfolgekonferenz von Wien gebracht wird.

Matthias Freitag, christlicher Jugendlicher

Forderte für alle, die den Dienst mit der Waffe aus Gewissensgründen ablehnen, Straffreiheit und unmilitärische Dienste, die dem Frieden oder auch ökologisch-gesellschaftlicher Interessen dienen.

Helmut Riethmüller

Forderte den Abbau von Beschäftigten in der Staatssicherheit und daß sie in solchen Berufen eingesetzt werden, die durch die Ausreisewelle Personalprobleme bekommen haben.

Helmut Rosenthal, Apotheker

Er forderte die Offenlegung ökologischer Daten, besonders Schadstoffe im Trinkwasser, Messung des Schwefeldioxidgehalts in der Luft, besonders in der Karl-Marx-Straße in Heiligenstadt.

Wies auf die Verunreinigung des Trinkwassers durch die industrielle Viehhaltung hin. Möchte über ökologische Daten informiert werden.

Vorwurf: »Wird genügend kontrolliert oder werden solche Dinge zu lachs und verantwortungslos gesehen? Wird ökonomischer Nutzen nicht oft für wichtiger gehalten, als die Schädigung der Umwelt und der Menschen?«

Eberhard Fiedler, kirchlicher Mitarbeiter*

* gemeint ist Eduard Fiedler

Er sprach vorwiegend über die Rückkehr zu tiefer liegenden Werten. Man muß abkommen von der Überbewertung des Geldes.

kapitalistische Werte des Geldes sind bei den Menschen vordergründig.

Er ist dankbar für das Wort - Wende -.

Theo Rhode, Bischhagen (Brief liegt vor)

Er erläuterte nochmals seine Forderung, daß das Sperrgebiet einen unhaltbaren Zustand darstellt. Mit der angekündigten Reisefreiheit müßte sich jeder zuerst im eigenen Land frei bewegen können. Der Sperrzonen-Zuschlag könnte sinnvoller eingesetzt werden, z. B. für den Bau und die Instandsetzung bzw. -Haltung von Straßen, für Reparaturen, für Wohnungen und Renten.

Evelyn Gebhardt

»Warum werden von SED-Funktionären all die Fehlentwicklungen zugelassen? Eine ganze Gesellschaft, FDJ und FDGB voran, bekennen, daß ihre Arbeit den Forderungen der Partei, aber nicht der Zeit entspricht. Wandte sich weiter gegen die Formulierung des Ratsvorsitzenden auf dem Betriebsfest im September, wo er von 40jähriger erfolgreicher Entwicklung in der DDR sprach, auf der sich gut aufbauen ließe, angesichts der sich schon damals abzeichnenden Situation.

Frage an Ratsmitglieder und Volksvertreter (besonders Genossen): »Wie könnt Ihr den Menschen in die Augen schauen, die Ihr bei gegensätzlicher Meinung drangsaliert habt, u.a. mit Parteiverfahren? Wenn Ihr keine Wendepolitiker habt, könnt Ihr auch keine Wende vollziehen!

Fordert auf, nicht nur nach vorn zu schauen, sondern auch die Vergangenheit zu beachten und Konsequenzen zu ziehen.

Bernd Beck, Vorsitzender der Ortsgruppe II der CDU

Fordert ein Bildungswesen, das in Ziel und Methoden den christlichen Glauben respektiert, und erläuterte weiterhin das Positionspapier der CDU.

- allgemeine freie, gleiche und geheime Wahlen
- Offenlegung der Staatsfinanzen, Valuta
- Partei- und Staatsfunktionen trennen
- Reisefreiheit mit den dazu gehörenden Mitteln sichern
- Rechtsstaatlichkeit und Rechtssicherheit für alle
- Abschaffung Sperrgebiet
- Volkswirtschaft, die sich am Markt und an den Bedürfnissen orientiert
- Wiedereinführung der christlichen Feiertage (sehr viel Applaus)
- Erziehung der Jugend ohne Doppelzüngigkeit
- Bildungswege ohne Parteizugehörigkeit berücksichtigen
- Leiter wählen, die sachkompetent sind, Partei unwichtig

Bernd Weber, BS Solidor

»Vergeßt mir unsere Meister nicht!« (sein Ausgangspunkt)

Er regte an, die zur Verfügung stehende Arbeitszeit so zurecht zu machen, daß voll gearbeitet wird und in den Betrieben denen das Sagen überlassen wird, die Fachleute sind.

Uwe Schubert, Bischhagen

Er möchte wissen, wie viele Genossen gerade in der letzten Zeit aus der Partei ausgetreten sind.

Rainer Welting

Er wünschte sich, daß die staatlichen Stellen Möglichkeiten für eine breite Mitarbeit aller Bürger suchen. Dem Dialog müssen jetzt Taten folgen. Im Bereich der Volksbildung müssen viele neue Standpunkte gefunden werden. Neues Herangehen an die Jugendweihe. Er nahm Bezug auf das CDU-Positionspapier.

Herr Köhler, ESDA Diedorf

Er äußerte seine Bereitschaft, in einer unabhängigen Gruppe mitzuwirken. Die Schuld für die gegenwärtige Situation schiebt er Funktionären zu. Er fordert Politiker, zu denen man aufschauen kann. Politiker von gestern können nicht die Wende vollziehen. Er fordert die Zulassung unabhängiger politischer Gruppen.

Es folgten die Worte des Genossen Kofend.

u. a. Monika Bimm: »Die Fragen kennen wir, aber wegen der Antworten sind wir gekommen.«

Während der Demonstrationszüge und den anschließenden Kundgebungen wurden immer wieder von den Teilnehmern Sätze skandiert, von denen die wichtigsten hier aufgeführt werden sollen.

Diese Rufe waren ein wichtiges Detail der Revolution, da sie einerseits angestauten Frust abbauen halfen, andererseits ein Gefühl der Gemeinsamkeit und der Stärke vermittelten. Sie halfen den Menschen auf der Straße im Angesicht der »herrschenden Klasse«, ihre Angst zu überwinden.

Wir sind das Volk!
Demokratie, jetzt oder nie!
Freie Wahlen!
Stasi raus!
SED, das tut weh!

Egon weg, hat kein' Zweck!
Stasi in die Produktion!
Deutschland - einig Vaterland!
Die Mauer muß weg!
Wir sind ein Volk!
Wir bleiben hier!
Schnitzler in die Muppetshow!
Egon Krenz, wir sind nicht deine Fans!
Auf die Straße, schließt euch an, Modrow ist nicht unser Mann!

Die meistgesungenen Lieder
Das Lied vom Wendehals
Brüder, zur Sonne, zur Freiheit
Auferstanden aus Ruinen und der Zukunft zugewandt
(nach den Melodien beider Nationalhymnen)
Einigkeit und Recht und Freiheit für das deutsche Vaterland
Der Eichsfelder Sang

Dialog von Gesicht zu Gesicht

Montag, 30. 10. 89 Dingelstädt

Etwa 3000 »Christen und Zeitgenossinnen und Zeitgenossen« (so die Begrüßung durch den Rektor Konradi) trafen sich um die Klosterkirche der Franziskaner auf dem Kerbschen Berg zum Sühne- und Bittgottesdienst zu den Anliegen in unserem Land.

Die Predigt Rektor Konradis wies die Gedanken auf die dringende Erneuerung in unserer Gesellschaft hin. Es sei notwendig, den aufrechten Gang zu üben im Voranschreiten bei der Problembewältigung, den Dialog von Gesicht zu Gesicht in christlicher Motivierung. Vor dem Schlußsegen stellte sich die Vereinigung »Christliches Zentrum« vor. Pater Rudolf dankte allen Anwesenden für ihr Kommen. Bitt- und Sühnegottesdienste werden auch an den kommenden Montagen angeboten. Weiterhin erfolgte die Weitergabe der Bitte des Bürgermeisters der Stadt Dingelstädt: die Einladung aller Bürger zur öffentlichen Aussprache. Abschließend formierten sich die Gläubigen zur Lichterprozession zur Gertrudiskirche. Es wurden beliebte Prozessions- und Wallfahrtslieder gesungen, gleichzeitig ertönte dann aber auch Rufe wie »Das Volk sind wir«, »Demokratie – jetzt oder nie«.

aus: Thüringer Tageblatt, 4. 11. 89

Franziskanerkloster auf dem Kerbschen Berg in Dingelstädt

Dienstag, 31. 10. 89 Küllstedt

»Wir haben viele Fehler gemacht«

Temperamentvoll ging es zu beim Forum in Küllstedt

Das hat Küllstedt noch nicht erlebt! Am Vorabend des Allerheiligentages drängten über 300 Einwohner in die neue Mehrzweckhalle. Angesagt war ein Gespräch der Bürger mit Vertretern des Rates des Kreises und der SED-Kreisleitung Worbis über aktuell-politische und kommunale Fragen. Der Durchbruch zur Ehrlichkeit gelang, als öffentlich die Frage gestellt wurde. »Wurden am Montag im Ort die Kerzen gezählt?« Nun nahm keiner mehr ein Blatt vor den Mund. Auch Klaus-Dieter Schmidt von der SED-Kreisleitung sagte: »Wir haben viele Fehler gemacht.«

Der Versammlungsleiter Josef Hoffmeier versuchte, die Wogen der Emotionen in Sachlichkeit zu lenken. Als der Bürger Montag von der Selbstreinigung aller sprach, bekam er wie viele andere an diesem Abend heftigen Beifall. Selbst die Zusage des Ratsmitgliedes Weber, »daß dem Bezirk Erfurt 13,8 Millionen Mark an zusätzlichen Importen zugesichert seien«, wurde kritisch hinterfragt: ob »Delikat-, Exquisit- oder Intershop-Programm«? Direkt, unter starken Beifall, wurde gefragt: »Wie lange noch das Sperrgebiet? Wozu gibt es Kampfgruppen, wem dienen sie? Wozu hauptamtliche Parteisekretäre in Betrieben? Wer bezahlt die Sowjetarmee? Warum gehen Millionenbeträge an die DKP? Wie lange noch Berlin-Programm? Warum so viele Reservisten? Wann bekommt das katholische Eichsfeld einen Vorsitzenden des Rates des Kreises aus christlichen Reihen?«

Die Ernsthaftigkeit wurde aufgelockert, als eine Bürgerin die Geschichte vom »defekten Postwagen« erzählte. Ein Vater verlas den Erlebnisbericht seines Sohnes über den Polizeieinsatz am 7. Oktober in Berlin. Dieser war zur Absicherung der Versorgung dorthin delegiert und erlebte unschuldig das brutale Vorgehen der Polizei. Betroffenheit in den Gesichtern und Herzen der Bürger und Funktionäre war zu spüren. Klaus-Dieter Schmidt versicherte spontan: »Ich werde mich persönlich für diesen Bürger einsetzen.«

CDU-Ortsgruppenvorsitzender H.-J. Montag wies auf positive Ansätze im Positionspapier seiner Partei hin. Ortspfarrer R. Hentrich begrüßte eine Fortsetzung des Dialogs im Sachgespräch am nächsten Dienstag. Alle Anwesenden stimmten ihm zu, daß Fragen des Wehrdienstes und der Volksbildung mit kompetenten Funktionären beim nächsten Mal den Vor-

rang hätten. Dieser Abend hat in Küllstedt nicht nur die Gemüter erregt, sondern Bereitschaft zur Mitverantwortung hier und heute geweckt. Auf die Fortsetzung des Dialogs sind wir gespannt.
Im Namen der Küllstedter Bürger Josef Hoffmeier

aus: Thüringer Tageblatt, 4.11.89

Mittwoch, 1.11.89

CDU-Kreisverband Heiligenstadt für die Abschaffung der Sperrzone

In einem Schreiben vom 1. November 1989 an den stellvertretenden Vorsitzenden der CDU und Vorsitzenden der CDU-Volkskammerfraktion, Wolfgang Heyl, stellt sich der CDU-Kreisvorstand Heiligenstadt nachdrücklich hinter die Forderung der Bürger dieses Eichsfeldkreises, das Grenzgebiet abzuschaffen und bittet Unionsfreund Heyl, sich in diesem Sinne einzusetzen. Es heißt u. a. in dem Schreiben:

»Ihr Schreiben an den Innenminister der DDR bezüglich der rechtlichen Behandlung der Zulassung des ›Neuen Forums‹ findet unsere Zustimmung. Wir bitten Sie nun, daß Sie sich umgehend an den Minister des Inneren wenden mit der Forderung, daß das gesamte Sperrgebiet, einschließlich 500 m Schutzstreifen (in diesem liegt u. a. der Hülfensberg, die beliebteste Wallfahrtsstätte der Eichsfelder Katholiken), abgeschafft wird. In dem Positionspapier ist die Forderung der CDU enthalten, eine Verringerung des Grenzgebietes durchzusetzen. Nach unserer Auffassung ist es aber unumgänglich, das gesamte Sperr- und Schutzstreifengebiet abzuschaffen. Wir befinden uns diesbezüglich in voller Übereinstimmung mit allen unseren Mitgliedern, allen Gläubigen und den Kirchenleitungen unseres Kreises. Für die Abschaffung des Grenzgebietes waren auch bei der friedlichen Demonstration am Montagabend in Heiligenstadt die über 10 000 Teilnehmer eingetreten. Wir bitten Sie nochmals, diese Forderung namens der CDU umgehend schriftlich zu formulieren, weiterzuleiten und in unseren Presseorganen zu veröffentlichen.«

aus: Thüringer Tageblatt, 4.11.89

Donnerstag, 2. 11. 89 Leinefelde

Bertram Vogt, Pfarrer in Leinefelde:

Der Rat der Stadt war kurzfristig bereit, die große Aussprache auf dem Zentralen Platz vorzunehmen. Die Aussprache auf dem Zentralen Platz brachte noch einmal alle Ängste und Nöte der Bevölkerung zum Ausdruck. Es wurde aber auch die Verärgerung laut, die Menschen durch all die Jahrzehnte erlitten hatten. Ja, es wurden wütende Aussprüche getan. Natürlich war auf all diese Vorwürfe gegenüber den staatlichen Stellen keine sachliche Antwort möglich. Wer sollte sie auch geben?

Leinefelder verliehen ihrem Wollen Ausdruck

Über dreistündige Debatte auf dem zentralen Platz

Leinefelde (TT). Um eins gleich vorweg zu sagen: Standvermögen im wahrsten Sinn des Wortes haben sie, die etwa 8000 Leinefelder und Bürger, die aus den Gemeinden des Kreises am Donnerstagabend auf dem Zentralen Platz der Textilstadt strömten: Vertreter der SED-Kreisleitung, des Rates des Kreises, vom Rat der Stadt und Betriebsleiter standen hier bereit – zum Reden, zum Zuhören, wie Harry Parschau, Sekretär des Rates der Stadt, anfangs kundtat. Vorangegangene Gesprächsrunden, vor allem aber die Zusammenkunft mit katholischen Würdenträgern, waren von SED und Staatsapparat im Kreis als Signal verstanden worden. So kam es zum Angebot des Dialogs für diesen Abend, ursprünglich geplant in der Stadthalle, kurzfristig jedoch verlegt auf den Zentralen Platz. Eine kluge Entscheidung, denn war schon zu Beginn der Platz gefüllt, so stand man bis an den Rand, als der eindrucksvolle, friedliche Zug der Gläubigen, die den Friedensgottesdienst in der Pfarrkirche besucht hatten, hier eintraf. Sie trugen brennende Kerzen und, wie auch die Menge auf dem Platz, selbstgefertigte Transparente. Zu lesen war u.a. »Ehrlichkeit braucht Konsequenz« und »Laßt das Neue Forum zu«.

In über dreistündiger oft sehr hitziger Debatte machte sich, ungeachtet des zeitweise strömenden Regens, Unmut Luft, Unmut über Probleme, die sich in manchen der Redner, so war zu spüren, über Jahre angestaut hatten und nun nach klarer Antwort verlangten. Die Gesprächspartner auf der Tribüne, darunter auch Ratsmitglied Unionsfreund Peter Flechs, mühten sich um Antwort. Das wurde anerkannt, wie aber auch unkonkrete Stellungnahme mit Pfiffen, Rufen wie »abtreten« und »nimm Deinen Hut« quittiert wurden.

Unmöglich, auf die Fülle der Anfragen im einzelnen einzugehen. Wir bitten um Verständnis, wenn das nur stichpunktartig geschieht. Auf harte Kritik an der für Frauen unzumutbaren 16. Schicht in der Baumwollspinnerei gab Betriebsleiter Salzmann den Wegfall dieser Schicht ab 1990 bekannt. Fragen an Dieter Krautmacher, 1. Sekretär der SED-Kreisleitung: »Wann wird das Sperrgebiet aufgehoben?«. Darüber habe er nicht zu befinden, nur die Volkskammer könne das entscheiden. »Werden die Kampftruppen abgeschafft?« Sie seien zum Schutz der Betriebe geschaffen worden und nicht für andere Aufgaben vorgesehen. Auch habe er keinen Einfluß auf Telefonvergabe, so die Antwort auf die Forderung nach Anschlüssen für die Ärzte.

Wehrkundeunterricht, neue Erziehungskonzeptionen u. a. waren Stichworte für Kreisschulrat Schrepper, der auch bekannte: »Ich fühle mich mit verantwortlich.« Das »Mea culpa« wurde mehrfach gefordert wie auch das Ende der Selbstherrlichkeit der SED. Unter Beifall gab Herr Senft genaue Vorstellungen einer Bürgerinitiative bekannt. Bürgermeister Kawohl bot für nächsten Donnerstag wieder den Dialog an. *-mk-*

aus: Thüringer Tageblatt, 4. 11. 89

Donnerstag, 2. 11. 89 Heiligenstadt

Ehrliche Antworten für konstruktive Aussprache

1. Sekretär der SED-Kreisleitung an die Bürger des Kreises

Werte Heiligenstädter, werte Bürger des Kreises! Das Sekretariat der Kreisleitung der SED hatte vorgeschlagen, am kommenden Montag den Dialog im Kreiskulturhaus fortzusetzen. Wir verstehen aber die Befürchtungen vieler Bürger, daß sie aufgrund des breiten Interesses an den zu lösenden Fragen nicht im Theatersaal Platz finden und den Dialog so nicht unmittelbar verfolgen können. Weil wir wissen, daß ehrliche und sachliche Antworten für eine konstruktive Aussprache nötig sind, an der möglichst viele Bürger mit ihren Vorschlägen, Kritiken und Hinweisen teilnehmen, greifen wir den Gedanken auf, uns erneut um 20.00 Uhr auf dem Friedensplatz zu treffen. Ich bitte Sie um Verständnis dafür.

Jürgen Kofend, 1. Sekretär der Kreisleitung der SED

Für demokratische Mitarbeit

Informelles Gespräch mit Bürgern beim Rat des Kreises

Ein informelles Gespräch zwischen dem 1. Stellvertreter des Vorsitzenden des Rates des Kreises, Helmut Vogler, weiteren Ratsmitgliedern, dem Bürgermeister Heiligenstadts, Dr. Günther Mock, und Bürgern, die sich als Heiligenstädter ökumenische Dialog-Bürgerinitiative verstehen und durch Gerhard Adler, Dr. Otto Diederich, Helmut Riethmüller und Helmut Rosenthal vertreten waren, fand am Donnerstagnachmittag im Rat des Kreises statt. Dargestellt wurden von den Teilnehmern inhaltliche und organisatorische Vorstellungen einer zu entwickelnden demokratischen Mitarbeit dieser Bürger an der Lösung kreislicher Probleme. Dazu sei Bereitschaft erklärt worden, so Helmut Vogler. Der Rat seinerseits sei entschlossen, auf die während der Kundgebung am Montag gestellten Fragen auch öffentlich zu antworten.

aus: Das Volk, 4.11.89

Montag, 6.11.89 Heiligenstadt

Hans-Gerd Adler auf der Demo:

Liebe Eichsfelder!

Anfragen und Hinweise an unsere Bürgerinitiative machen es erforderlich, zunächst ein Wort in eigener Sache zu sagen. Wir möchten uns als eine unabhängige ökumenische Bürgerinitiative verstanden wissen, die sich weder von der SED noch einer anderen Partei vereinnahmt wissen möchte. Die uns kennen, wissen, daß die meisten unserer Gruppe ernsthafte Kirchgänger sind. Um der Wahrheit willen sei hier kundgetan, daß der Zweifel, ob der eine oder andere eine »rote Socke« sei, unbegründet ist.

Auch wenn wir in unserem Namen das Wort »ökumenisch« führen, so heißt das nicht, daß wir uns nur für die Forderung der Christen im Eichsfeld einsetzen. Wenn am letzten Montag

Die Teilnehmer der Demo werden mutiger. Die ersten Transparente werden mitgeführt, ihre Aussagen sind unmißverständlich.

von Chancengleichheit die Rede war, so sollte ausdrücklich diese Forderung für Christen und alle – gemeint sind alle Bürger –, für die eine Mitgliedschaft in der SED nicht in Frage kommt, verstanden werden.

Liebe Eichsfelder!

Schon oft war von machtvollen Kundgebungen, Demonstrationen und Meetings in unserer Stadt die Rede. Was wir am vergangenen Montag und heute erleben, bedarf sicher keines besonderen Kommentars.

Wir haben machtvoll demonstriert, daß dem Volk die Macht gebührt. Wir haben demonstriert, daß wir, das Volk, die Macht haben, die Gewalt zu haben, die Macht haben, den Frieden zu demonstrieren und auch die Macht haben, unser Recht zu fordern.

Laßt uns darum ein Zeichen setzen, ein Zeichen der friedlichen Macht, ein Zeichen der friedlichen Gewalt, indem wir eine kurze Minute innehalten.

Unser Schweigen soll ein Abschluß unserer Sprachlosigkeit, das Ende unserer Angst und Unmündigkeit symbolisieren. Dieses unser Schweigen soll die Macht des Friedens und nicht die Schläfrigkeit des Volkes zum Ausdruck bringen.

Unser Weg, die Wahrheit und das Leben
(aus dem Musical »Wagnis und Liebe«)

Wir werden nicht schweigen, wir bleiben nicht stumm,
wir preisen dich rund um die Erde herum.

Das Land ist ausgebreitet, durch das ein Weg uns leitet
weit über alle Grenzen hin.
Die Wolke, die uns störte, war Dunkelheit, die führte
am Ende uns zu unserm Ziel.
Der Fels, der uns begleitet, hat Wasser uns bereitet.
Das Harte ist für uns Gewinn.
Das Brot, das uns nicht fehlte, das unsern Leib beseelte,
ist Brot aus einer harten Zeit.
Die Angst, die dunkel drohte, enthüllte sich als Bote,
der mit uns zog in unserm Zelt.
Das Land ist ausgebreitet, durch das ein Weg uns leitet
weit über alle Grenzen hin.
Wir werden staunen, werden sehn, wir werden Zeugen sein,
wie im Vergehn das längst erhoffte wird entstehn.
Wir werden nicht schweigen...

Liebe Eichsfelder!

Jeder, der ehrlichen Herzens für Veränderungen in unserem Lande eintreten will, muß bei sich selber anfangen. Wie schwer das dem Einzelnen fällt, bleibt weithin verborgen.

Darum gilt unsere Anerkennung all denen, die in den letzten Tagen und Wochen ihrem Gewissen gefolgt sind und für sich Entscheidungen getroffen haben. An dieser Stelle möchten wir auch den Dank an unsere »Gesprächspartner« zum Ausdruck bringen. Erste Ergebnisse des begonnenen Dialogs zeichnen sich ab:

- Wir sind wieder auf dem Friedensplatz!
- Die technischen Bedingungen sind gegenüber vergangenen Montag erheblich verbessert worden!

Herr Kofend braucht sich dafür nicht auf umständliche Weise in der Zeitung zu entschuldigen. Er kann ruhig dem Mut seines Vorgesetzten in Erfurt folgen und wie dieser formulieren:
»... unter dem Druck des Volkes...«
denn das ist die einzige Wahrheit. Wenn Vertrauen zurückgewonnen werden soll, sind Wahrheit und Offenheit unverzichtbare Grundpfeiler

Aufgrund vieler Anfragen und Hinweise aus der Bevölkerung möchten wir klar herausstellen, daß wir, das Volk, nicht als Bittsteller gekommen sind. Wir haben ein Recht auf die Entschuldigung und das Eingestehen von Fehlern durch die z.Z. führende Partei der Arbeiterklasse - auch in unserem Kreise.

Wenn verantwortliche Politiker unseres Landes von einer »politischen Wende« sprechen, so muß nachgefragt werden, was unter dieser Wende zu verstehen ist. Das Volk empfindet diese Wende eher als »drehen der Fahne nach dem Wind«, als »neu spritzen eines alten Trabis«, der trotz aller Mühen eben kein neues Fahrzeug werden kann.

Oder wie ist es zu verstehen, daß trotz Bekanntgabe der Wende, trotz des begonnenen Dialogs auf allen Ebenen, täglich Tausende junger Menschen unser Land verlassen? Wann endlich begreift die SED, daß sie ihren Führungsanspruch kurzfristig zur Disposition stellen muß? Soll unser Land ein Land der alten Leute oder ein großes Altersheim werden? Wer soll in ein paar Jahren die produktiven Leistungen erbringen? - Auch die, die nach dem Kriege die Trümmer weggeräumt haben? Mit wem soll der Dialog dann noch geführt, durch wen dessen Ergebnisse realisiert werden? Der Jugend gehört die Zukunft. Einem Land, dem die Jugend davonläuft, hat keine Zukunft!

Ich möchte betonen, daß diese kritischen Worte aus tiefer Sorge um unser Land, auch um unser geliebtes Eichsfeld formuliert wurden. Wie viele Stürme und Krisen unsere Heimat in den vergangenen Jahrhunderten auch erlebt hat - niemals ist das Eichsfeld untergegangen, niemals hat es seine Spezifik, seinen Glauben an Gott völlig verloren.

Unsere Aufgabe ist es, das Land unserer Ahnen zu erhalten und zu gestalten und wohlbehalten an die zu übergeben, die nach uns kommen. Der Weg ist hart und steinig, er fordert Mut und Kraft und Ausdauer - genau das, was unser Eichsfeld schon immer von seinen Kindern gefordert hat. Sollen wir darum fortlaufen?

Laßt euch noch einmal durch Verse aus dem Sacro-Musical »Wagnis und Liebe - Der gefährliche Weg des Josef Kentenich« beeindrucken:

Unser Weg, der uns bewegt, bringt Bewegung ins Land.
Wir legen unser Leben in Gottes Hand.

Wir gehen nicht den breiten Weg, den allzu allzu-viele gehen.
Wir gehen einen schmalen Weg auf Messers Schneiden.
Wir gehen den Gefahren-Weg durch Einsamkeit und Leiden.

Wir organisieren, addieren nicht, wir durchseelen das Leben.
So bekommt es Gewicht.
Wir gruppieren uns zu zweit und zweit und gehen den Weg
durch diese Zeit.

Wir bilden Oasen in Gottes Schatten und schöpfen aus Quellen,
die uns erhellen.
Wir bleiben nicht unter uns, wir werden ausgesandt, wir hinterlassen
Spuren in jedem Land.

Demo ging von Kirche aus

Heiligenstadt. Montagabend, 6. November ... Von allen drei Kirchtürmen hallt das Läuten der Glocken durch die Straßen; in den Häusern entzünden die Menschen Kerzen und stellen sie in die Fenster – als Zeichen der Hoffnung. Kirchenglocken und Kerzen: Seit drei Wochen Vorboten der regelmäßigen Friedensfeiern in der Klosterkirche St. Gerhard.

Eine halbe Stunde später. Mit ihren brennenden Kerzen in

der Hand treten Christen und Nichtchristen in die Dämmerung. Ihr Ziel: Die Klosterkirche, wo um 19 Uhr eine ökumenische Friedensfeier mit anschließender Diskussion beginnt: Superintendent Hans-Martin Lange, Propst Paul Kockelmann und andere Kirchenvertreter aus dem Obereichsfeld leiten die Veranstaltung. Bereits vor einer Woche war die Friedensfeier von St. Gerhard Ausgangspunkt einer Demonstration zum Friedensplatz in Heiligenstadt. 15000 Bürger hatten sich beteiligt, SED-Funktionären, darunter Kreissekretär Jürgen Kofend, Fragen zur politischen Entwicklung der Region gestellt. Heute erwarten sie die Antworten.

Dialogpartner des Volkes (SED-Kreisleitung und Ratsmitglieder) am 6. 11. 89 bei dem Versuch, offen und ehrlich zu antworten

19 Uhr: Längst sind alle 700 Plätze in St. Gerhard besetzt, über die Galerie und durch den Haupteingang drängen weitere Menschen in das Innere. Tausende, die auf dem Vorplatz warten, erleben die Friedensfeier über Lautsprecher mit: »Schön, daß ihr alle gekommen seid«, begrüßt Propst Kockelmann die Anwesenden. »Selbst Herr Kofend hat gefragt, ob er zum Friedensgebet kommen sollte. Ich fand das richtig rührend. Aber dann hab ich zu ihm gesagt, er braucht das nicht – auf dem Friedensplatz gibt es nachher genug für ihn zu tun.« ... Gemeinsam beginnen die Menschen, das Vaterunser zu

beten. Nach dem hebräischen Lied »Shalom chaverim« (Friede, Freunde) treten verschiedene Redner aus dem Publikum ans Mikro im Inneren der Kirche. »Ich bin Vater von zwei Kindern. Mein Sohn wird jetzt eingeschult – seine Schulzeit beträgt dann sieben Jahre. Unsere Zeit betrug aber 40 Jahre; wir müssen lernen, nein zu sagen, denn wir haben einen Mund, mit dem wir sprechen können.« Beifall aus der Menge. Am Schluß ergreift Propst Kockelmann das Wort: »Es ist zwar ein Unterschied zwischen einer Fronleichnamsprozession und einer Bürgerdemo, aber ich darf Euch bitten, auch diesmal Disziplin zu wahren, wenn wir zum Friedensplatz gehen.«

Straßen verstopft
19.30 Uhr: Mittlerweile drängen sich die Menschen nicht nur auf dem Vorplatz der Klosterkirche: Sämtliche Zufahrtsstraßen zu St. Gerhard sind verstopft. Eine unübersehbare Masse, die irgendwo weit hinten im Dunkel endet, steht bereit: 25 000 Eichsfelder, so wird geschätzt. Ein Zug, mehr als zwei Kilometer lang, aus dessen Inneren das Licht zahlloser Kerzen schimmert, bewegt sich durch die Heiligenstädter Hauptstraße. Der Ort selbst ist zur Geisterstadt geworden: Kein Haus beleuchtet, als ob die Menschen alle schliefen.

»Wir sind das Volk«
Die komplette Stadt ist jetzt auf der Straße. In Sprechchören fordert das Obereichsfeld: »Egon nach China«, »Gebt die Macht dem Volk« und »Reißt die Mauer ab«. Transparente tragen die Aufschrift: »Das Eichsfeld bleibt katholisch«, »Wir sind das Volk«, »Kein neuer Wein in alte Schläuche«. Dann, kurz bevor die ersten den Friedensplatz erreichen, ein Chor: »Wer hat Egon Krenz gewählt?«

Mit Pfeifkonzerten und Buhrufen begrüßt das »Volk« seine »Vertreter«, die bereits seit 20 Uhr auf dem Platz an der Martins-Kirche warten. Neben dem SED-Kreissekretär haben sich Heiligenstadts Bürgermeister Dr. Günther Mock, Polizeichef Horst Scherbaum, der zugleich Mitglied des Kreisrats für Innere Angelegenheiten ist, sowie Kreisschulrat Bähr eingefunden. Diese vier sollen die versprochenen Antworten auf jene Fragen geben, die Sprecher von Vorbereitungsgruppen eine Woche zuvor gestellt haben.

Eichsfelder Kultur
Ein Sprecher eröffnet die Politikerbefragung und ermahnt die Menge, die SED-Funktionäre »doch mal« zu Wort kommen zu

lassen: »Wir sollten uns daran erinnern, daß nicht nur die Sachsen und Berliner, sondern auch wir Eichsfelder Kultur haben.«

Als die Schimpfkanonaden und Pfiffe abgeklungen sind, beantwortet Jürgen Kofend Frage Nummer eins: Gibt die SED ihren Führungsanspruch auf? Kofend: »Die Zusammensetzung der Vertretung des Volkes muß der Zusammensetzung der Bürger entsprechen.« Die Bürger daraufhin: »SED, das tut weh!« Dann: Tumultartige Reaktionen, weil ein Fotograf aus dem vierten Stockwerk auf die Menge blitzt. »Stasi raus, Stasi raus.« Nein, kein Stasi, »der ist von der Zeitung«, beschwichtigt ein Sprecher der Vorbereitungsgruppen. Nun die Antwort zum Sperrgebiet. Kofend: »Wir sind dafür, daß jeder Bürger in das Sperrgebiet reisen darf.« (»Das kommt zu spät, meine Mutter ist jetzt tot«, brüllt ein Heiligenstädter in Richtung SED-Funktionär.)

Freiwillig?
Kreisschulrat Beer nimmt Stellung zur Jugendweihe: Die Teilnahme an der Jugendweihe werde freiwillig sein und sie sei schon immer freiwillig (»Lügner, Lügner«) gewesen.

Nachdem die Politiker hörbar zur vollen Unzufriedenheit der Bevölkerung Rede gestanden haben, formulieren die Vorbereitungsgruppen weitere Fragen. Ob's – bei der rasanten Entwicklung – beim nächsten Mal bessere Antworten geben wird?

23 Uhr. Langsam löst sich die seit Gründung der DDR (bisher) größte Demonstration im Obereichsfeld auf. In kleinen Gruppen diskutierend, gehen die Menschen nach Hause. Auch die Provinz-Funktionäre, die an diesem Montagabend nun doch noch etwas ungelenk wirkten bei ihrer ersten Kür-Wende, kehren durch Kälte und Nieselregen in ihre vier Wände zurück, wo sie nun fieberhaft nach klebrigen Argumenten suchen, mit denen sie, nachdem »ihr« Volk sie nicht mehr läßt, leimen könnten was ihnen noch geblieben ist – ihre angesägten Stühle.

Stefan Koch

aus: SIE, 12.11.89

Das Lied vom Wendehals

(Melodie »Spaniens Himmel«) Gehannes vum Lipsbaerge 11/89

1. Der DDR-Himmel breitet seine Sterne
über Mensch und Sozialismus aus.
Seit der Wende breitet sich hier gerne
eine neue Spezies heraus...
Ref.: Der Wendehals,
der dreht sich jedenfalls
nach dem Wind wohin der weht mit Geschick –
für unsre Republik!

2. Gestern war'n es noch treue Genossen,
die lagen auf dem harten Kurs.
Heute bekennen sie unverdrossen:
Was die Partei gemacht, das war nur Murks!
Ref.: Der Wendehals...

3. So ein Wendehals, der hat kein Rückgrat,
keine Meinung, er kennt ja nur sich.
Er sagt nur das, was eigentlich uns nichts sagt,
hat als Mensch ein vielfältig Gesicht...
Ref.: Der Wendehals...

4. So ein Wendehals, der kann nicht führen.
's ist ihm egal, wohin der Wind auch weht.
Nur darf niemand an seinen Status rühren –
Sein Motto heißt: Erkennen und gedreht!
Ref.: Der Wendehals...

5. Ein Wendehals, das ist ein bunter Vogel,
daß es ihn gibt, das muß ja wohl so sein.
Die Geschichte hat ihn nie erzogen,
drum fangt den Vogel niemals für euch ein!
Ref.: Der Wendehals...

6. Genossen! Ihr habt genug genossen!
Laßt nun endlich die Andern auch mal dran!
Wer's ehrlich von euch meint, sei unverdrossen,
er kämpfe mit fürs neue Vaterland!
Ref.: Der Wendehals,

Bertram Vogt, Pfarrer in Leinefelde:

Der 9. November wurde in Leinefelde zu der größten Demonstration der Bevölkerung. Die Kirche war zum Abendgottesdienst überfüllt, draußen vor der Kirche bis auf die Straße standen die Menschen. Eine unwahrscheinlich große Lichterprozession formierte sich danach von der Kirche zum Zentralen Platz. Geschätzt wurden etwa 20000-22000 Teilnehmer. An diesem Abend wurden die ersten Anliegen, Forderungen und Erwartungen der Gruppe »Christliche Verantwortung« vorgetragen. Die Forderungen bestanden in:

- Anerkennung der Mündigkeit der Bürger;
- Abschaffung des Führungsanspruches der SED;
- Anerkennung des Ersterziehungsrechtes der Eltern;

Hinzu kam die Forderung: »Wir wollen kein neues Reisegesetz, sondern Reisefreiheit und darum auch den Wegfall des Sperrgebietes an der Grenze.«

Am Ende dieses Abends, der bis gegen 23.00 Uhr dauerte, wurde vom Kreisratsvorsitzenden verkündet: Die Grenzen sind offen. Das wollte an diesem Abend zunächst keiner glauben. Erst in der Nacht haben wir über den Fernseher erlebt, daß die Grenzen tatsächlich geöffnet waren.

Mit dem 9. November begann ein neuer Abschnitt im demokratischen Aufbruch unseres Volkes.

Seit den Novembertagen treffen sich jeden Dienstagabend die »Christlichen Arbeitskreise«.

Jeden Donnerstag halten wir in der Abendmesse Fürbitte für unser Land und beten um Gerechtigkeit, Freiheit und Frieden.

Möge Gott die Zukunft unseres Landes segnen.

Mit unbeschreiblicher Freude wurde die Öffnung der Grenze im Eichsfeld gefeiert. Der Empfang, welcher unseren Menschen »im Westen« bereitet wurde, war überwältigend.

Verwandtschaftliche Bande wurden erneuert und vertieft. Aber auch viele neu geknüpfte Freundschaften versprachen, länger als ein Strohfeuer zu dauern.

Wie in Berlin, so waren auch hier die Menschen unmittelbar mit dem »Bollwerk des Friedens« über ein viertel Jahrhundert konfrontiert worden. Wer die Gelegenheit einmal genutzt hat, sich dieses milliardenteure Werk der sozialistischen

Menschenfreundlichkeit näher zu betrachten, kann sich unmöglich des Eindruckes erwehren, daß die DDR einem großen Konzentrationslager glich. Die Schutzanlagen von Buchenwald nehmen sich dagegen eher bescheiden aus. Das Blut von 191 Toten an dieser »Friedensgrenze« schreit noch immer nach Gerechtigkeit. Wer zählt all die Tränen, die Menschen vergossen haben. Wer kann das Leid ermessen, das ihnen der erste Staat der Arbeiter und Bauern auf deutschem Boden mit dieser verfluchten Grenze auferlegt hat. Viele Menschen, die dem Regime frühzeitig den Rücken gekehrt hatten und seitdem nie wieder nach Hause konnten, standen zum erstenmal nach der Grenzöffnung am Grabe ihrer Eltern oder Verwandten.

Man fragt sich heute noch angesichts dieser »Grenzanlagen mit Weltniveau«, was die Motive der Verantwortlichen gewesen waren, eine solche menschenverachtende Politik zu betreiben. Scheinbar sah man im eigenen Volk den größten Gegner einer der »schönsten Ideen«, die je der menschliche Geist hervorgebracht hatte, der Idee des Sozialismus. Verständlich war die überwältigende Freude besonders derjenigen, die gegenüber der übrigen DDR-Bevölkerung noch eingesperrter lebten, die Freude der Menschen in den Sperrgebieten. Was Grenze, Sperrgebiet und Aussiedlungen an Spuren hinterlassen haben, wäre wert, eigens dokumentiert und aufgeschrieben zu werden.

Ein besonderer Dank gilt an dieser Stelle den Männern, die die Grenzöffnung an allen früheren Verbindungen zu Hessen und Niedersachsen in den Kreisen Heiligenstadt und Worbis so zügig vorangetrieben haben, daß Ende Januar fast alle alten Wege wieder frei waren. Allen voran sind die Landräte Dr. Werner Henning und Peter Flechs zu nennen, die sich unermüdlich für das Zusammenwachsen des deutschen Vaterlandes an der »Nahtstelle zwischen dem sozialistischen und kapitalistischen Lager« hier auf dem Eichsfeld einsetzten. Die Grenzöffnungen wurden in vielen Fällen mit Gottesdiensten und anschließenden Volksfesten verbunden.

Die »Staatsgrenze« im Eichsfeld

Wie ein Blick auf die Landkarte zeigt, wurden durch die Errichtung des »antifaschistischen Schutzwalls« zahlreiche seit alters bestehende Verbindungen zwischen Dörfern des Eichsfeldes und den angrenzenden Ländern Hessen und Niedersachsen abgeschnitten. Mit dem denkwürdigen 13. August 1961, der Errichtung der Berliner Mauer, wurde dieses in den 50er Jahren begonnene Werk »zur Sicherung des Weltfriedens« für »immer« und »endgültig« besiegelt. Noch in den Herbsttagen des Jahres 1989 hieß es sinngemäß, daß die Mauer so lange stehenbleiben werde, solange die Bedingungen, die zu ihrer Errichtung führten, bestehen. Mauer und Grenze darf man dabei schon gleichberechtigt in einem Atemzuge nennen.

Die Kreise Mühlhausen, Heiligenstadt und Worbis berührten zusammen auf einer Länge von ca. 136 km bundesdeutsches Gebiet. Davon sind ca. 108 km auf historischem Eichsfeldterritorium zu verzeichnen.

Insgesamt wurden 24 Dörfer des Eichsfeldes durch die Grenzziehung direkt betroffen, d. h., daß befestigte Straßen in Richtung Westen für sie nicht mehr existierten. Galten vor der Grenzziehung Eschwege, Kassel, Göttingen oder Duderstadt als Orientierungs- und Anlaufzentren, so verlagerten sich die Beziehungen zwangsläufig nach Mühlhausen, Langensalza, Gotha und Erfurt.

Gleichermaßen waren auch die Dörfer betroffen, die nicht direkt an der Grenze, wohl aber im etwa 540 km² großen Sperrgebiet lagen. Es ist etwa die dreifache Anzahl der o.g. Dörfer.

Die Grenzdörfer und ihre Verbindungen:

ORT	Bemerkungen	Wiedereröffnung erste	für PKW
Kreis Mühlhausen	10 km (6 km) Grenzverlauf		
Katharinenberg	F 249	11. 11. 89	11. 11. 89
Kreis Heiligenstadt	80 km (80 km) Grenzverlauf		

Rechte Seite:
... aber die Bonner Ultras haben uns dazu gezwungen!

Döringsdorf		16.11.89	
Bebendorf		16.11.89	
Großtöpfer		11.11.89	17.03.90
Kella		20.01.90	17.03.90
Asbach		20.01.90	17.03.90
Sickenberg		20.01.90	17.03.90
Wahlhausen		11.11.89	20.01.90
Lindewerra	Brücke zerstört		
Rimbach	siehe Bornhagen		
Bornhagen		20.01.90	
Hohengandern	F80	11.11.89	23.12.89
Arenshausen	Bahnlinie Halle-Kassel	26.05.90	
Kirchgandern		16.11.89	12.04.90
Rohrberg		20.01.90	17.03.90
Freienhagen	siehe Rohrberg		
Bischhagen		20.01.90	12.04.90
Siemerode		20.01.90	17.03.90
Günterode	siehe Glasehausen		
Glasehausen		20.01.90	17.03.90
Kreis Worbis	46 km (22 km) Grenzverlauf		
Neuendorf		09.12.89	
Böseckendorf		16.12.89	
Teistungen	F247	offizieller Übergang nach Duderstadt	
Ecklingerode		18.11.89	12.04.90

Die in Klammer gesetzten Angaben beziehen sich auf historisches Eichsfeldterritorium.

NEUES DEUTSCHLAND

„Ich verstehe Ihre Frage so, daß es in Westdeutschland Menschen gibt, die wünschen, daß wir die Bauarbeiter der Hauptstadt der DDR dazu mobilisieren, eine Mauer aufzurichten. Mir ist nicht bekannt, daß eine solche Absicht besteht. Die Bauarbeiter unserer Hauptstadt beschäftigen sich hauptsächlich mit Wohnungsbau, und ihre Arbeitskraft wird dafür voll eingesetzt.

Niemand hat die Absicht, eine Mauer zu errichten!“

Ulbricht am 15. Juni 1961

auf einer internationalen Pressekonferenz in Ostberlin

Das »Paradies« ist verschlossen, das Tor hervorragend gesichert.

Die »Grenze des Friedens« bei Lindewerra und der Burgruine Hanstein

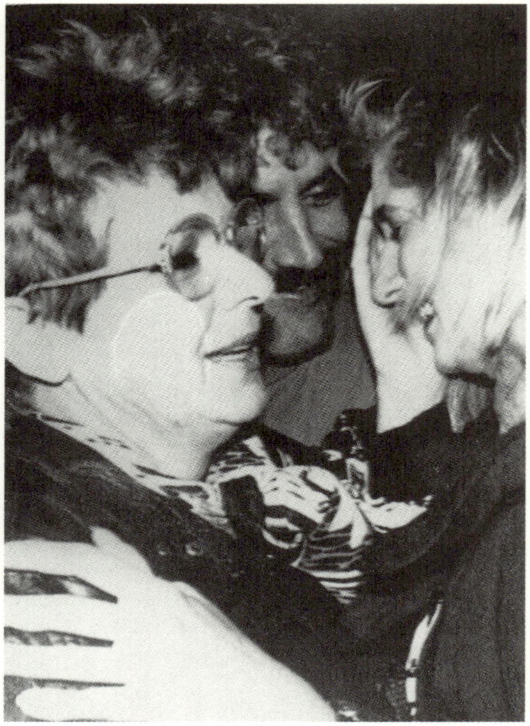

LOB 1-34

Linke Seite: Überschäumende Freude bei der Grenzöffnung an der Grenzübergangsstelle Hohengandern-Witzenhausen und an der Burgruine Hanstein

Die Grenzöffnung Hohengandern-Witzenhausen am 11.11.89

Der erste Linienbus Heiligenstadt-Witzenhausen, Mitte Dezember

Hohengandern, 23.12.89. Der neue Übergang wird für den PKW-Verkehr hergerichtet.

Grenzöffnung Siemerode-Weißenborn, am 20.01.90

Rechte Seite: Grenzöffnung zwischen Bornhagen/Rimbach und Werleshausen/Neuseesen, am 20.01.90

WERLESHAUSEN GRUSSEN BURKHAGEN UND
UND NEUSEESEN RIMBACH

Der bisher offizielle, aber nur mit Sondergenehmigung passierbare Übergang Worbis-Duderstadt wird durch die Prominenten dieser Städte endlich für jeden passierbar. Peter Flechs durchschneidet symbolisch das Band.

Demontage des Grenzzaunes, von den Soldaten des Volkes errichtet – durch das Volk beseitigt

November 1989 Heiligenstadt

Wurde bei der ersten Demonstration ein Forderungskatalog an den Rat des Kreises übergeben, so kam es bald darauf zu einer *großen Unterschriftenaktion im Kreis Heiligenstadt.* Mit der Unterschrift von Tausenden von Bürgern wurden zwei grundsätzliche Forderungen an die Volkskammer der DDR gestellt, die Forderung nach einer Verfassungsänderung und die nach einem neuen Wahlgesetz, welches freie, allgemeine, gleiche und geheime Wahlen ermöglicht.

Zu Beginn der Revolution glaubten viele Menschen nicht daran, daß die Wiedervereinigung Deutschlands so schnell möglich würde. Sie hofften aber darauf, daß mit der Änderung und Einhaltung von Verfassung und Wahlgesetz dieser Prozeß eingeleitet werden konnte, weil das die Voraussetzung für einen Sturz der SED-Herrschaft auf demokratischem Wege darstellte.

Freitag, 1.12.89 Heiligenstadt

Dr. O. Diederich Heiligenstadt, den 1.12.89
W.-Külz-Str. 28
Heiligenstadt
5630
i.A. der »Demokratischen Initiative«

Volkskammer der Deutschen Demokratischen Republik
Verfassungs- und Rechtsausschuß
Abgeordneter Prof. Dr. Weichelt
Marx-Engels-Platz
Berlin
1020

Forderungen an die Volkskammer

Werter Herr Prof. Dr. Weichelt!
Die Gruppen »Demokratische Initiative« Heiligenstadt und »Christliches Zentrum« Dingelstädt haben ein Forderungsprogramm mit folgendem Wortlaut erarbeitet:

»An die Volkskammer der Deutschen Demokratischen Republik

Unter Berufung auf den Artikel 103 unserer Verfassung wenden wir uns, weil wir uns der Souveränität des Volkes bewußt sind, als Gemeinschaft der Bürger, die diese Forderungen unterzeichnet haben, an Sie:

1. Gemäß Artikel 53 der Verfassung fordern wir noch 1989 die Durchführung einer Volksabstimmung mit dem Ziel der Änderung der Verfassung u.a. der Artikel 1, 3, 47, 65, 89 und 93.

2. Wir verlangen noch in diesem Jahr die Verabschiedung eines Wahlgesetzes, welches freie, allgemeine, gleiche und geheime Wahlen in kürzester Zeit ermöglicht.

Dabei sollten sowohl die kommunalen Volksvertretungen als auch die Bezirkstage und die Volkskammer neu gewählt werden.

Es darf vorher keine Absprachen über die Sitzverteilung zwischen den Parteien geben.

Neben den Parteien (auch den neu zuzulassenden) sollten nur unabhängige Bürger aber keine Vertreter von Massenorganisationen als Kandidaten zugelassen werden.«

8172 Bürger des Eichsfeldes unterstützen dieses Forderungsprogramm mit ihrer Unterschrift.

In der Anlage übergeben wir Ihnen 254 Blätter mit diesen Unterschriften.

Berücksichtigen Sie bei Ihrer derzeitigen Arbeit den Willen dieser Bürger. Wir erwarten Ihre Antwort.

Dr. Diederich
i.A. der »Demokratischen Initiative«

Donnerstag, 7.12.89 Heiligenstadt

Eine historische Entscheidung

Kreistag wählte Unionsfreund Dr. Werner Henning zum neuen Vorsitzenden des Rates des Kreises Heiligenstadt – Ratsmitglieder wurden abberufen

Wann hat wohl je die Aula der EOS, wann Heiligenstadt solch eine spannende und bedeutsame, von so viel Vernunft, Realismus und Reformwillen geprägte Kreistagssitzung wie die am Donnerstagabend erlebt, wann solch eine bittere Stunde für die SED im Kreistag? Über 30 Jahre lang hat das Eichsfeld, ja überhaupt ein Landkreis in der DDR auf diesen Tag warten müssen. Erstmals seit fast einem halben Menschenalter stellte sich ein Nicht-SED-Mitglied zur Wahl zum Vorsitzenden des Rates des Kreises, einen der noch vor kurzem schier unein-

Geheime Wahl im Kreistag von Heiligenstadt. Der Mann des Volkes, Dr. Werner Henning, wird mit Stimmenmehrheit zum neuen Vorsitzenden gewählt.

nehmbaren »Erbhöfen« der SED. Und erstmals seit solch einer Zeitspanne wurde eine katholische Persönlichkeit, Mitglied der sich total erneuernden CDU, in dieses hohe Amt gewählt: Dr. Werner Henning, geboren in Kella, wohnhaft in Geismar – endlich wieder ein Eichsfelder im höchsten Verwaltungsamt des Kreises. Ein historischer Tag für das Eichsfeld, ein Signal vielleicht für andere Kreise in unserem Land.

Keiner, der diese Plenartagung miterlebte, wird sie je vergessen: Nicht die so eindrucksvolle Rede von Dr. Henning, nicht das gebannte Warten der Stimmenauszählung, nicht den tosenden Beifall nach Bekanntgabe des Wahlergebnisses. Von den Anwesenden 84 Abgeordneten stimmten 58 für, 21 gegen Unionsfreund Dr. Henning, fünf enthielten sich der Stimme. Als erste gratulierten Josef Gröger als Vorsitzender der CDU-Fraktion und Karl-Otto Heidenblut, 1. Stellvertreter des Ratsvorsitzenden, dem neuen Vorsitzenden, der aus moralischer Pflicht und Verantwortungsgefühl als Christ für dieses Amt antrat.

Vor seiner Wahl legte Dr. Henning unumwunden seinen Standpunkt dar: Ein Festhalten am Sozialismus erscheine aberwitzig, denn »die Ideale des Sozialismus bleiben eine konkrete Utopie, deren Nacheifern lohnt, aber deren Etablierung Verengung und Zwang bedeuten. Nichts könne wieder so werden wie es war. Eine Neuvereinigung der deutschen Nation hat immer fortbestanden, hat 40 Jahre gewiß ein kümmerliches Dasein erlebt, und ist nun in bislang nicht bekanntem Maße wieder erwacht.« Den Lauf dieser Entwicklung zu stoppen, würde neuen Zwang bedeuten, zu dem heute wohl niemand im Eichsfeld bereit ist. Was die staatliche Verwaltung des Kreises angehe, so müsse sie die konkrete Zusammenarbeit mit der BRD steuernd mitvollziehen, ein funktionierendes öffentliches Leben organisieren und sich auf allen Ebenen den Belangen der Menschen öffnen. Jede Form von Ideologie sei aus den Entscheidungsfindungen fernzuhalten. Ihm gehe es in jener liberalen Konzeption einzig um das Wollen der Menschen in Verbindung mit der Wahrung humanistischer Grundregeln und darum, in einer Koalition der Vernunft das Vernünftige zu tun, schrittweise Aggressionen und anarchistische Tendenzen wieder abzubauen, die Bürger des Kreises auf freie Wahlen im kommenden Jahr hinzuführen.

Fast schien bei dieser so ungewöhnlichen wie weichenstellenden Tagung die Abberufung von weiteren ehemaligen Ratsmitgliedern (Kreisschulrat Beer, Kreisarzt Dr. Ehrig, Sekretär Peter Tyra, Manuela Lillepop) auf deren eigener Wunsch sowie der anderen Kaderentscheidungen wie eine Selbstverständlichkeit. Doch auch sie sind in ihrer Fülle und Konsequenz ebenso beispiellos in der Geschichte des Kreistages Heiligenstadt wie die Wahl von Dr. Henning. E. B.

aus: Thüringer Tageblatt, 9. 12. 89

Demo am Montag

Heiligenstadt. Die »Demokratische Initiative« Heiligenstadt und das »Christliche Zentrum« Dingelstädt rufen gemeinsam zum Friedensgebet am kommenden Montag in St. Gerhard um 19 Uhr und anschließender Demonstration auf. Die CDU unterstützt diesen Aufruf.

aus: Thüringer Tageblatt, 9. 12. 89

Der neugewählte Bürgermeister Bernd Beck (CDU)

Aus meiner Rede an die Stadtverordnetenversammlung

Ich weiß, wie schwer es ist, in dieser Zeit des Umbruchs in unserem Land, Kreis und Stadt politische und gesellschaftliche Verantwortung zu übernehmen. Aber die neue Zeit, die wieder freidenkenden Menschen fordern von allen, Verantwortung zu tragen und zu übernehmen. Ich bekenne mich zum katholischen Glauben und gehöre seit 1969 der Christlich-Demokratischen Union Deutschlands an. Innerhalb meiner Partei habe ich die Funktion eines Ortsgruppenvorsitzenden inne und bin Mitglied des Kreisvorstandes der CDU. In all meiner Arbeit war ich stets davon getragen, mein Glaubensbekenntnis in die Gesellschaft und meine Partei zu tragen. Der Aufbruch des Volkes, die neuen Möglichkeiten des Umbruchs und die allgemeine Befreiung von allem parteilichen Ballast haben mich auf den Platz der Fordernden gerufen. Dieses Handeln und Streben nach einer besseren Gesellschaft war möglicherweise auch der Anlaß, daß meine Partei auch mir nahetrug, Verantwortung zu übernehmen und mich heute für das schwere Amt des Bürgermeisters meiner Heimatstadt Heiligenstadt zur Wahl zu stellen.

Wenn ich mich nun entschlossen habe, mich Ihrer Wahl für die Übergangszeit bis zu den im nächsten Jahr zu erwartenden freien und geheimen Wahlen zu stellen, dann einmal aus meiner christlichen Verantwortung heraus sowie aus der Erkenntnis, daß derzeitig alle Amtsträger der 1. Reihe vom Volk als ein Bestandteil oder Überbleibsel der alten Regierungsform angesehen werden. Deshalb habe ich in dieser Zeit nicht das Recht, mich dem Ersuchen zu verweigern und der Verantwortung zu entziehen, wenn ich gefordert werde, meine Person in den Dienst der Menschen dieser Stadt zu stellen. Ich verstehe mich jedoch nicht als einen Übergangsbürgermeister. Ich bin mir der Schwere des Amtes und der vor mir liegenden Aufgaben bewußt. Die derzeitig völlig ungelösten staatlichen Probleme, wie Verwaltungsrecht und Kommunalrecht, verhindern, daß alle offenstehenden Fragen noch vor diesen gesetzlichen Veränderungen und den dringenden freien geheimen Wahlen einer Lösung zugeführt werden können.

Keiner von uns wird Wunder versprechen noch bewirken

können, wie und wann die praktischen Sorgen und Anliegen der Bürger unserer Stadt gelöst werden. Das, was ich hier von dieser Stelle aus verspreche und auch leisten kann, ist ein bedingungsloses Eintreten für den Erwerb eines neuen Vertrauens der Bürger zu ihrer staatlichen Verwaltung. All unser Arbeiten muß frei sein von parteilichen Zwängen, die das Blickfeld unserer Verantwortung für den Bürger bisher erheblich eingeschränkt haben. Noch ist die Entfaltungskraft in staatliche Zwänge gebunden, stehen mehr Fragen da, als gelöst bzw. beantwortet werden können. Hier ist es unsere Pflicht, dem Volk offen darzulegen, wer und was sie oftmals am praktischen Handeln und in ihren Entscheidungen gehindert hat. Es ist die Pflicht dieses Hauses, darauf zu achten, daß keine Partei auf die Entscheidung dieses Rates wie bisher Einfluß nehmen kann. Jeder darf sich in seiner ureigenen Person einer demokratischen Partei oder Initiative hingezogen fühlen, aber in der uns übertragenen Arbeit müssen wir im Interesse unserer Bürger überparteilich arbeiten. Wir müssen wissen, daß wir nur Diener am Volk und durch das Volk ersetzbar sind, und keiner hat das Recht, sich über das Volk zu erheben. Deshalb ist die Notwendigkeit einer wirklich parlamentarischen Kontrolle zu den staatlichen Entscheidungen gegenüber den Wählern gegeben. Schaffen wir solche Voraussetzungen und Grundlagen, die ein Fundament gemeinsamen Handelns ermöglichen. Gemeinsam und über neue Wege müssen wir die Wohnungsfrage versuchen zu lösen, die über unserem Ort so drückend schwere Bürde der Umweltbelastung Schritt für Schritt und gänzlich abzubauen. Hier brauchen wir Konzepte, wo jede kluge Idee gefragt ist, denn was derzeit die Luftverschmutzung und die Qualität des Trinkwassers betrifft, ist es mehr als 5 vor 12.

Stellen wir uns alle dem Ziel, in der Zukunft ein noch schöneres Heiligenstadt zu schaffen. Beginnen wir mit der harten Arbeit, ein pluralistisches Gemeinwesen aufzubauen und gönnen wir uns gegenseitig Toleranz. Alle Bürger unserer Stadt bitte ich um ihr Vertrauen, ihre Unterstützung, ihren guten Rat und ihr Tun für unsere Stadt.

Zur Person

Unionsfreund Bernd Beck: Geboren wurde er in Hildebrandshausen/Kreis Mühlhausen. Er ist 43 Jahre alt, verheiratet und hat zwei Kinder. Seit 1961 ist er Bürger von Heiligenstadt. Nach Abschluß der polytechnischen Oberschule erlernte er den Beruf des Baumwollfacharbeiters, qualifizierte sich dann als Schlosser und erwarb 1976 nach Abschluß eines Studiums das Diplom als Ingenieurökonom. Er ist Abteilungsleiter für Materialplanung/Bilanzierung im VEB Kombinat Solidor.

aus: Thüringer Tageblatt, 9.12.89

Montag, 11.12.89 Heiligenstadt

Eduard Fiedler beim Friedensgebet in St. Gerhard:

Wenn wir eine sonnige Zukunft haben wollen, brauchen wir eine gemeinsame Hoffnung, eine gemeinsame Vision aller Generationen und Gruppierungen unseres Volkes. Ich sehe schwarz, wenn wir uns dem Feuer dieser Mühen nicht unterziehen würden, um vielleicht schneller an das »Gold« zu kommen. Gold, was bei näherem Hinsehen vielleicht gar nur äußerlich glänzt; Gold, was uns vielleicht mehr arm und unfrei anstatt reich und frei machen könnte.

Auf dem Wege zur Einheit könnte uns das »Emblem«, welches seit 30 Jahren auf die DDR-Fahne aufgenäht ist, helfen, das eigentliche Problem der sog. »Deutschen Frage« nicht zu übersehen und einer guten gesamtdeutschen Lösung zuzuführen: nämlich die wirklich solidarische Verbundenheit zwischen naturverbundenen Landwirten und mitdenkenden und mitfühlenden körperlich und geistig Tätigen (Hammer, Zirkel, Ährenkranz), das lebendige Gespräch, die Gemeinschaft zwischen allen Schichten unseres Volkes. Ist das utopisch?

Das ist auch eine Frage an uns Eichsfelder, die wir in unserem jetzt so häufig gesungenen Lied vom »felsenfesten Glauben« singen, der »die Blicke hebt vom Staube«. Ist unser Glaube so fest und lebendig, daß er dazu beitragen kann, daß »die Sonne schön wie nie über Deutschland scheint«? Vielleicht will es Gott jetzt. Wer weiß es.

Am 11. Dezember 1989 kam es zu der wahrscheinlich größten Demonstration in der 1000jährigen Geschichte der Stadt Heiligenstadt. Diese Demonstration, die von der Demokratischen Initiative Heiligenstadt und dem Christlichen Zentrum Dingelstädt gemeinsam organisiert wurde, ging als *erste Eichsfelddemo* in die Geschichte ein. Sie war die »Schlüsseldemo« für das ganze Eichsfeld. Mit ihr wurden die großen Initiativen im Kreis Worbis geweckt für die »Probe-Massenflucht« und die anschließende Großkundgebung in Gerblingerode mit 80-100 000 Menschen und die Eichsfelddemo in Dingelstädt mit über 40 000 Menschen.

An die 27 bis 30 000 Eichsfelder hielten von 19.45-22.30 Uhr auf dem Friedensplatz bei winterlichen Temperaturen aus, um den Ausführungen aller 18 Redner zu folgen.

Einer der Redner, der Kreisapotheker *Helmut Rosenthal*, berichtete über seine Erlebnisse bei der Auflösung der verhaßten Stasi.

Bericht über die Räumung der Kreisdienststelle des Ministeriums für Staatssicherheit in Heiligenstadt:

Am Mittwoch war ich als Vertreter der Demokratischen Initiative Heiligenstadt zusammen mit einem Musiker des Staatlichen Orchesters und zwei Presseleuten Zeuge, wie 26 Panzerschränke und 3 Räume, die angeblich dienstliches Schriftgut enthielten, vom Staatsanwalt versiegelt wurden,

Transport der Stasiakten nach Erfurt. Bürger, Staatsanwalt und DI bei einer Besprechung vor der Stasidienststelle

um der Vernichtung oder dem heimlichen Abtransport vorzubeugen.

Wir fanden im Keller 24 Säcke mit zerhäckseltem Schriftgut vor, sowie in 2 Etagen leere Schränke.

Auf unsere Frage, wieso dort keine Papiere mehr lagerten, wurde uns geantwortet, das läge daran, daß die Mitarbeiter aus den betreffenden Räumen inzwischen eine andere Arbeit hätten. Schriftgut sei außerdem bereits im Oktober auf Befehl abtransportiert worden. Einen Archivraum gäbe es nicht.

Am Freitagvormittag wurden nun auf Anordnung des Ministeriums des Inneren durch den Staatsanwalt die versiegelten Räume und Panzerschränke geöffnet, um das vorhandene Schriftgut durch ein Fahrzeug der Volkspolizei nach Erfurt zu bringen, wo es dann vom dazu gebildeten Volkskammerausschuß gesichtet werden sollte.

Wieder waren die Öffentlichkeit, auch Presse und Demokratische Initiative als Zeugen eingeladen. Aber was fanden wir vor? Nichts! So gut wie nichts! Die 26 Panzerschränke waren leer bis auf einige Formulare, Bücher über Marxismus-Leninismus und sogar christliche Schriften. Wir waren also

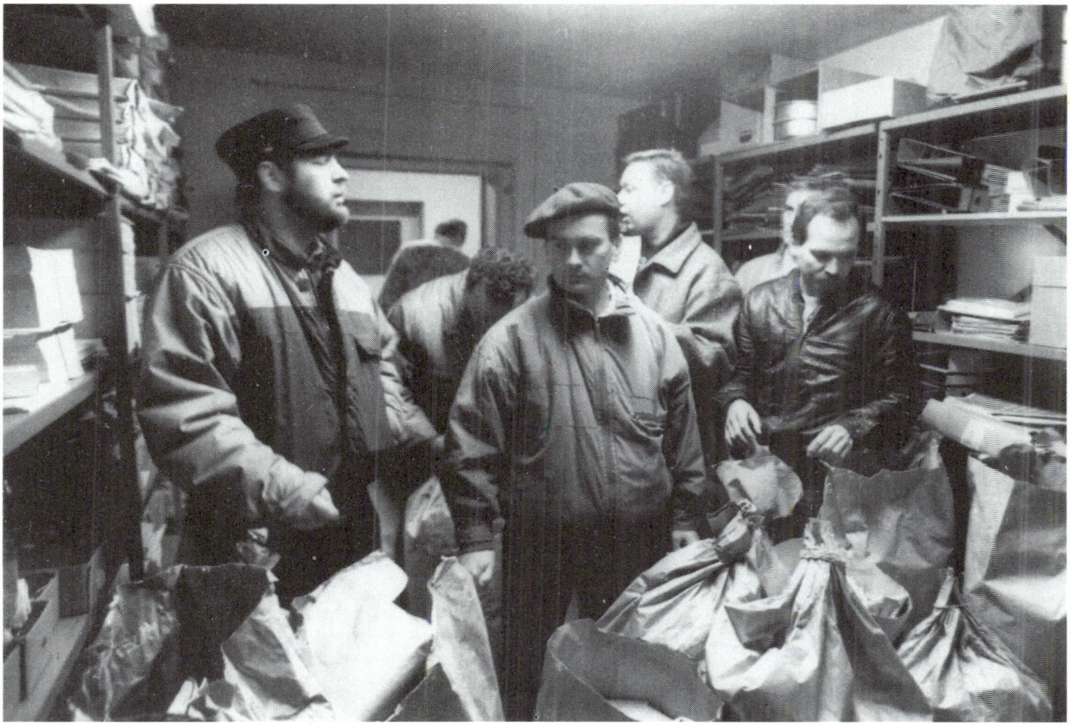

Im Stasiarchiv. Nichts von Bedeutung, leere Ordner, Papier und gehäckseltes Schriftgut

zum Narren gehalten worden. Entgegen den Äußerungen vom Mittwoch fanden wir nun ein Archiv. Dies bestand aus 100ten von leeren Ordnern.

Es gibt Zeugen, daß am 7.11., am Tage nach unserer größten Demo, 2 LKW W50 und mehrere PKW das Gebäude der Stasi verließen. Am gleichen Tag um 20.30 Uhr wurde die Ladung eines »B1000-Pritschenwagen«, voll mit Säcken von gehäckseltem Papier eines anonymen Absenders, in der Papierfabrik Heiligenstadt verkollert. Die dies bezeugen, strafen den Leiter der Dienststelle Lügen, da er versicherte, seit Oktober sei nichts mehr weggeschafft worden.

Eine weitere Lüge durch den Stasi-Chef mußten wir feststellen, indem er uns glauben machen wollte, Schaltungen zum Abhören von Telefongesprächen hätte es nie gegeben. Verantwortliche Mitarbeiter des Fernmeldeamtes Heiligenstadt konnten auf Anhieb etliche Personen und Institutionen nennen, deren Telefonanschlüsse sie zum Abhören zur Stasi umschalten mußten.

Aber es kommt noch schlimmer. Freitag um 13.00 Uhr waren wir dabei, als der Inhalt der Waffenkammer von der VP festgestellt und zu ihren Beständen abtransportiert wurde.

Nach Stunden wird alles vorgefundene Material zum Transport nach Erfurt verladen. Die Stasi war passiv und verzögerte den gesamten Hergang. Als die Schlüssel zu zwei Stahlschränken nicht auffindbar waren, wurden diese kurzerhand mit aufgeladen. Dem Gewicht nach zu urteilen, waren diese versiegelten Schränke leer.

Wir fanden vor:
39 Pistolen,
25 Maschinenpistolen,
mehrere Scharfschützengewehre,
2 panzerfaustähnliche Geschosse
und nun haltet euch alle fest,
über 30 000 Schuß Munition!

Diese Menge hätte gereicht, um alle erwachsenen Einwohner im Kreis Heiligenstadt niederzustrecken.

(Während dieser Worte erscholl es »Mörder, Mörder« aus tausenden von Kehlen, und der Redner hatte echte Mühe, die aufgebrachte Menge zu beruhigen.)

Als wir dies alles sahen, lief es uns doch sehr kalt den Rücken herunter.

Jetzt liegt dieses alles in den Lagern des Volkspolizeikreisamtes. Dort liegen auch Waffen und Munition der Kampfgruppen und, wer weiß wieviel, für die VP. Und das mitten in unserer Kreisstadt.

Seid ihr nicht auch der Meinung, daß dieser Zustand schnellstens geändert werden muß, damit wir wieder ruhig schlafen können? Wir erwarten, daß die VP für uns Verständnis hat und das Pulverfaß inmitten unserer Stadt entschärft und uns dieses baldmöglichst mitteilt!

Auf der Demo am 11. Dezember wurden *zwei Grußadressen* verlesen:
Ich darf Euch einen herzlichen Gruß von unserem Bischof Dr. Joachim Wanke überbringen. Er ist mit uns verbunden, trägt unsere Anliegen mit, und er wünscht dem Friedensgebet wie auch den Demonstrationen Gelingen und Segen.

Ein zweiter Gruß erreichte uns von den Worbiser Revolutionären. Folgender Wortlaut wurde dazu verlesen:
Einen besonderen Gruß von den Christen und Bürgern aus Worbis. Sie wären heute gern dabei gewesen, aber sie haben dort noch viele örtliche Anliegen, bei denen sie die Zuständigen nicht aus der Verantwortung entlassen wollen.

Von den zusammengekommenen Eichsfeldern in Heiligenstadt wurden Grüße an die Worbiser übermittelt.

Montag, 11. 12. 89 Heiligenstadt

Thomas Heddergott auf der Demo:

Die führende Rolle der SED ist aus der Verfassung gestrichen und die Partei ist dabei, sich von ihrem mit Korruption und Amtsmißbrauch bedeckten Namen zu trennen. Das Symbol dieser Partei wurde nicht zu Unrecht mit »eine Hand wäscht die andere« gedeutet.

Diese Änderungen sind zwar signalgebend, aber schwerer ist es, eine politisch-moralische, saubere Atmosphäre zu schaffen, die die Ausnutzung von Funktionen zum eigenen Vorteil ausschließt. Dabei geht es mir keineswegs um die Verlagerung von Rechtsstreitigkeiten auf die Straße. Dafür ist das Kreisgericht zuständig. Aber es geht darum, daß die Reformen auf breiter Fläche mitgetragen werden in den *Betrieben und Gewerkschaften.*

»Gleiches Recht für alle oder, wenn 2 das gleiche tun, ist es noch lange nicht dasselbe.« So standen sich bisher Gesetz und

Alltag gegenüber, da ein Genosse auf Grund des Führungsanspruchs der Partei, mit Funktionen und Macht ausgestattet, das Gesetz nicht zu fürchten brauchte.

In einem Betrieb oder einer Genossenschaft, als selbständige juristische Einheit, traf in unserem Arbeiter-und-Bauernstaat die strafende Hand des Gesetzes nur die Arbeiter und Bauern. Ich hoffe nicht, daß es aus diesem Grund in § 1 der Verfassung heißt:
Die Deutsche Demokratische Republik ist ein Staat der Arbeiter und Bauern.

»Wir brauchen keinen Gorbatschow!« So vertrat noch vor nicht allzu langer Zeit ein Betriebsleiter lautstark seinen Standpunkt, während er zu seinem Geburtstag seine Geschenke aus anderen Betrieben mit 2 PKW heimfahren mußte und sich auch entsprechend revanchierte.

Was er damit meinte, ist klar. Wir brauchen keine Offenheit, keine Umgestaltung, keine demokratische Erneuerung, aber Privilegien! Wen meinte er aber mit »WIR«? Die, die sich gegenseitig mit Geschenken, Orden, Auszeichnungen und Urlaubsplätzen segnende Mafia der Privilegierten.

Wie schlecht das Angebot an FDGB-Plätzen im Kreis ist, weiß jeder. Ich habe gehört, daß die Auslastung in den Betrieben im Schnitt nur 70% beträgt. Lediglich die SED-Kreisleitung soll das Angebot zu 100% völlig ausgeschöpft haben.

Waren diese Leute so anspruchslos oder machte es sich bezahlt, daß der FDGB-Kreisvorstands-Vorsitzende, Herr Drechsel, auch Mitglied der SED-Kreisleitung war? Die *Verflechtung von Gewerkschaft und Partei* zeigt sich nicht nur im Statut des FDGB, sondern auch in der Bezahlung von Staatsrenten an Funktionäre, von denen Arbeiter und Bauern im Arbeiter-und-Bauern-Staat nur träumen können.

Die Rolle der Gewerkschaft im Kreis wird deutlich, wenn man sich mit ihrem Vorsitzenden auseinandersetzt. Hat ein Herr Drechsel sich anstellen müssen nach Baustoffen für seinen Bungalow? Wie oft ist ER denn vergeblich nach Zement gefahren? Stimmt es etwa, daß ein Landbaubetrieb ihm und auch anderen Funktionären während der Arbeitszeit den Bungalow miterbaute und ihn auch sonst großzügig unterstützte, während in einigen Ställen den Bauern und ihren Tieren schon Betonbrocken auf den Kopf fielen? ...

Mit welchem Recht sitzt er noch grinsend im Kreistag? Was hat er bisher im Wohngebiet getan als Abgeordneter? Die meisten kennen ihn nicht einmal.

Herr Drechsel bekam für treue Dienste gegenüber den Her-

Die erste Eichsfelddemo am 11. 12. 89 in Heiligenstadt. Etwa 27–30 000 Menschen werden geschätzt. Hier der Kämpfer und Stratege der Dingelstädter, Herr Karl-Walter Strozynski, bei einer seiner engagierten Reden.

ren Tisch und Nennstiel den Vaterländischen Verdienstorden. Wieso hat er nicht so viel Charakter, den für diese treuen Dienste und bedingungslose Umsetzung der Befehle erhaltenen Orden zurückzugeben, wie andere, die es als Beleidigung empfanden, von Verbrechern ausgezeichnet worden zu sein?

Fühlt sich ein Herr Drechsel wirklich so erhaben? Die Zeit der Erhabenen, an deren Tribüne das betrogene Volk vorbeiparadierte, ist vorbei!

Die Demonstrationen auf dem Friedensplatz in Heiligenstadt verliefen nach eine feststehenden Ordnung, die von der Demokratischen Initiative als Organisator dieser Veranstaltungen streng eingehalten wurde. War anfangs noch ein neutraler Moderator eingesetzt, um den Dialog des Volkes mit den staatlichen Vertretern in geordneter Weise führen zu können, so war nach wenigen Demos keine Moderation mehr nötig. Einmal waren die »Gesprächspartner« sehr schnell »aus dem Ring« geworfen, andererseits hatte sich das demonstrierende

Friedensgebet am
18.12.89 in
St. Gerhard,
Heiligenstadt

Rechte Seite:
Ein Blick in das
überfüllte
Kirchenschiff

Abertausende haben sich vor der
Kirche versammelt

Wir wollen Freie Wahlen
für freie Bürger!
Kein Artenschutz
für Wendehälse

Linke Seite:
Das Friedensgebet wird über Lautsprecher nach draußen übertragen

Der Zug der Demonstranten hat sich formiert und zieht mit Kerzen und Transparenten zum Friedensplatz.

In der Nähe von SED-Kreisleitung und Stasi wurde besonders laut skandiert.

Friedlich ziehen die Demonstranten durch die Straßen von Heiligenstadt.

Die Stimmung steigt. Noch etwa 100 Meter sind es bis zum Friedensplatz.

Rechte Seite: Unterwegs werden Kerzen vor dem Gebäude des Wehrkreiskommandos abgestellt.

Zehntausende stehen dicht gedrängt auf dem nächtlichen Friedensplatz.

Advent - der Morgenstern, ein Zeichen der Hoffnung. Pfarrer Meinhof beim Schlußwort.

Volk gut an die Spielregeln gewöhnt und akzeptierte diese auch.

Die Demos verliefen in folgender Weise:
Die Zeit des Aufmarsches der Massen wurde überbrückt, indem altbekannte oder in der Revolution entstandene Lieder gesungen wurden.

Sobald die Demoteilnehmer »die Plätze eingenommen« hatten, wurden die von der DI vorbereiteten Statements vorgetragen. Waren Dialogpartner zur Stellungnahme aufgefordert, so geschah es in Abstimmung mit der »Demoleitung«.

Um auch dem Volk die Möglichkeit einzuräumen, sich persönlich zu artikulieren, mußten die Mutigen sich bei der »Demoleitung« anmelden. In der Reihenfolge der Anmeldung konnten sie dann ihre Sorgen, Nöte und Meinungen vortragen.

Allerdings übernahm die DI für diese Beiträge nicht die Verantwortung. Ein Dialog erfolgte hier ebenfalls nach entsprechender Abstimmung.

Ein Schlußwort, gelegentlich vom evangelischen Pfarrer Meinhof gehalten, ein paar Verse und das abschließende Eichsfeldlied beendeten nach durchschnittlich zwei Stunden den Revolutionstag.

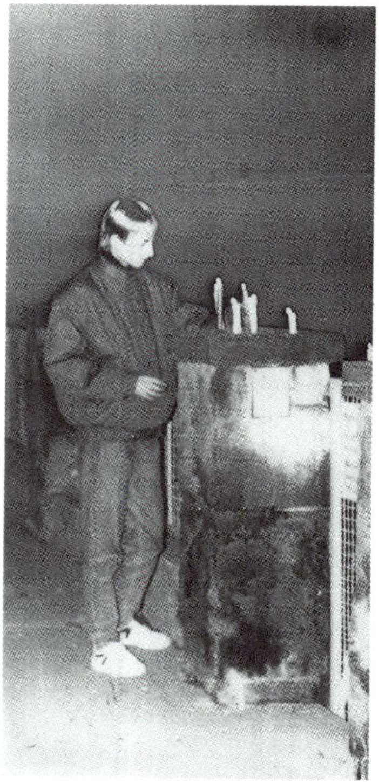

ROTEN UND BRAUNEN
WIR BRAUCHEN EINE
BUNTE DEMOKRATIE

Montag, 18. 12. 89 Heiligenstadt

Stellvertretend für alle »freien Beiträge« hier die Rede eines unerschrockenen jungen Mannes, der ohne große Umschweife die Dinge in der Art des Volkes beim Namen nennt.

Liebe Freunde!
Hallo, Eichsfelder!

Mein Name ist Wigbert König. Ich komme aus Röhrig und bin parteilos.

Während Egon Krenz und Jürgen Kofend uns wie die »Mona Lisa« angegrinst haben, hat die Stasi ihr Satanswerk vollendet und alle Akten vernichtet. Ich werte das als Beweis für die Morde und Menschenrechtsverletzungen in den letzten 40 Jahren.

Erich Honecker hatte geplant, im Bezirk Gera ein Konzentrationslager zu bauen. Diese Unterlagen wurden jetzt sichergestellt. Insassen sollten Kirchgänger und Konterrevolutionäre sein.

Gebt der Stasi und der SED keine Chance, sich noch einmal am Volk zu vergreifen! 40 Jahre haben sie uns gequält, 2 Monate haben sie uns hingehalten. Ich gebe diesen roten Faschisten nicht noch eine 3. Gelegenheit, uns zu Untermenschen zu machen.

Morgen bin ich beim Staatsanwalt Wilhelm vorgeladen, weil ich am 7. Dezember das Verbot der SED beantragt habe und alle Verbrechen aufklären will.

Ich verlange, daß der Boß von der ehemaligen Stasi, Günther Ermisch aus Heiligenstadt, öffentlich Rechenschaft über alles ablegt. Wer den Befehlen von Schwanitz, Mielke und Banditen gehorcht, ist mitschuldig.

Es waren nicht nur die Großen, sondern auch die Kleinen, die getreten, gebissen und verleumdet haben. Ich will *alle* Namen der Stasi-Angehörigen und der vielen Spitzel in Stadt und Land am schwarzen Brett sehen! Ich will keine Rache oder Vergeltung, aber ich will die *Wahrheit* wissen! Die Offenlegung dieser Namen ist Strafe genug. Das Postamt in Heiligenstadt hat Schaltungen zur Stasi getätigt. Vorzugsweise wurden die Kirchen und der ehemalige Bürgermeister Jünemann abgehört.

Leute, bekennt Farbe!

Meine Farben sind für die Kirche - gelb-weiß und für Deutschland - schwarz-rot-gold.

Vorbei sind die schwarzen und die roten Zeiten! Jetzt wollen wir die Goldenen Neunziger! ...

Freitag, 22. 12. 89
Visafreier Reiseverkehr für Bundesbürger

Wenn man Freunde besucht, so geschieht es nicht selten, daß man sie zu einem Gegenbesuch einlädt. So geschah es auch in den Tagen nach Weihnachten. In vielen grenznahen Eichsfeldorten wurden Begrüßungsfeiern für unsere Schwestern und Brüder aus dem Westen ausgerichtet. Jetzt durften sie ohne vorherige Genehmigung und Zwangsumtausch frei in die DDR einreisen. Als herausragendes Ereignis darf hier wohl das große Volksfest in Heiligenstadt erwähnt werden. Organisiert wurde das Fest durch die Demokratische Initiative. Sie, der Bürgermeister der Stadt Heiligenstadt, Bernd Beck und der Landrat Dr. Werner Henning hatten zu diesem Fest eingeladen. Heiligenstadt und viele an der Strecke liegende Orte hatten sich festlich geschmückt. Etwa 60 000 Besucher ergossen sich über Heiligenstadt. Alle wurden überaus herzlich bewirtet.

Zahlreiche Spenden der Bevölkerung und der Betriebe machten das möglich und schafften so eine sprichwörtlich familiäre Atmosphäre. Die Menschen genossen diesen Tag des Glücks, der Freude und des Wiedersehens zum erstenmal in Freiheit auf dem Territorium, das bislang ihr »Gefängnis« war. Die völlig freie Kreativität eines jeden, ohne jegliche Reglementierung und Bittstellerei, konnten viele einfach nicht fassen. Manch einer konnte Tränen der Freude nicht unterdrücken. Was in diesen Tagen an Initiativen aufbrach, hätten die Einheimischen selbst nicht vermutet.

An diesem Tage gab es keine Fremden in der Stadt und den Dörfern. Niemand dachte daran, daß vielleicht ein altbekannter, aber nicht erkannter Spitzel neben ihm stehen könne. Und wenn schon, an diesem Tage ließ sich keiner seine Freude in irgendeiner Weise trüben. Die Meinung vieler Besucher und Einheimischer »So etwas haben wir noch nie erlebt!«.

Das Fest wurde durch zahlreiche kulturelle Einlagen von Gruppen aus dem Obereichsfeld und aus Nachbarstädten der Länder Hessen und Niedersachsen umrahmt. Spielmannszüge, die immer wieder durch die Straßen der Stadt zogen, Volkstanzgruppen, Sänger, Musikgruppen und Chöre sorgten dafür, daß das Stimmungsbarometer stets auf »Hoch« stand.

Man darf sicher sein, daß alle, die Heiligenstadt und das Eichsfeld an diesem Tage kennengelernt haben, mit frohen Eindrücken nach Hause zurückkehrten und daß die Erlebnisse dieses Tages in ihrer Erinnerung für lange Zeit haften bleiben.

Hallo Nachbarn!

Die Grenzen zur DDR sind nun auch für Sie offen!
Wir begrüßen Sie, die Sie nun die Weihnachtsfeiertage bei Verwandten, Freunden und Bekannten in der DDR verbringen möchten und wünschen Ihnen dazu frohe und erlebnisreiche Stunden!

Der Tag der Grenzöffnung ist für unsere gesamte Nation ein Tag der Freude, den unsere Bürger gern mit Ihnen gemeinsam begehen möchten. Wir laden Sie daher herzlich zu einem großen Volksfest nach Heiligenstadt ein. Dieses Fest des Wiedersehens und der Begegnung möchten wir mit Ihnen zusammen nach Weihnachten, am

Samstag, dem 30. Dezember 1989,

in Heiligenstadt feiern. Das Fest wird um **9.00 Uhr** offiziell eröffnet.
Die Bürger der Stadt und des ganzen Kreises bereiten diesen Tag vor. Das Fest soll auch ein Dankeschön sein für so vieles, was wir in den letzten Wochen in der Begegnung mit Ihnen erfahren durften.
Die Türen stehen Ihnen offen. Genießen Sie die Eichsfelder Gastfreundschaft und lassen Sie sich einmal von uns überraschen!

Wir freuen uns auf Ihr Kommen!

Demokratische Bürgerinitiative
Heiligenstadt

Dr. Werner Henning
Vorsitzender des Rates des
Kreises Heiligenstadt

Bernd Beck
Bürgermeister der Stadt
Heiligenstadt

Sonnabend, 30. 12. 89 Heiligenstadt Volksfest

Dieter Norwig aus Baunatal, aus seinem Bericht von der Anreise:

...Vor acht Wochen standen mir noch Tränen der Wut und Ohnmacht in den Augen, als ich am Fernsehgerät das gnadenlose und böse Vorgehen der »Stasi«-Schergen mit ansehen mußte.

Vor sieben Wochen standen mir Tränen der Freude in den Augen, als ich an der Leipziger Straße vor den Toren Kassels stand und Euch kommen sah. - Wildfremde Menschen standen sich auf der Straße gegenüber und umarmten sich. - Und ich spreche nicht nur für mich allein, sondern auch für die große schweigende Mehrheit von uns allen:

Dies war ein lebendiges Symbol für Freiheit und Glückseligkeit. Und wer dies miterlebt hat, wird es bis an sein Lebensende nicht vergessen. - Aber mit wieviel Leid und Not und Ungerechtigkeit dies in all den Jahren erkauft werden mußte, wissen viele von Euch besser als ich.

Und am 2. Weihnachtstag standen mir wieder Tränen der Freude in den Augen, als ich von Hohengandern kommend auf der F 80 Richtung Heiligenstadt und weiter in Richtung Breitenworbis zu lieben Freunden unterwegs war.

Da merkte man ganz deutlich: Hier war eine lange Mauer zerbrochen und geschmolzen wie Butter an der Sonne. Uns schlug eine Welle der Herzlichkeit von Euch allen entgegen. Die Räder der Geschichte drehten sich in den letzten Wochen so schnell, daß sogar ich als Rallye-Fahrer Mühe hatte, nicht ins Schleudern zu geraten. ...

Fast 60000 kamen zum Fest

War die Kreisstadt am vergangenen Sonnabend gewissermaßen ein großer Marktplatz, so ähnelte die Ortseinfahrt aus Richtung Uder einer kleinen Galerie. Zahllose Transparente, Hinweisschilder und Plakate begrüßten die bundesdeutschen Gäste in der Eichsfeld-Metropole. Es tat der Stimmung keinen Abbruch, daß der ursprünglich vorgesehene Termin vom 23. 12. durch die Vereinbarungen Modrow–Kohl nicht zustande kam. So feierte man gewissermaßen nach und vor (auf die Silvesternacht).

Bewirtet wurde vom Friedensplatz bis zum Raphaelsheim,

DUDERSTADT grüßt
– HEILIGENSTADT –

Linke Seite: Eröffnung des großen Volksfestes in Heiligenstadt am 30. 12. 89

Unsere Nachbarn »von drüben« erfreuen mit ihrer Volkstanzgruppe.

Die ganze Stadt hat sich engagiert, um die Nachbarn aus dem Westen kostenlos zu bewirten.

14.00 Uhr – die Stadt ist »voll«. Etwa 60 000 Besucher waren an diesem Tag beim Volksfest dabei.

von der Lindenallee bis zum Kulturhaus buchstäblich an jeder Straßenecke. Im Brothaus, wo an ungezählten Ständen zum Gebäck auch Kaffee ausgeschenkt wurde, quittiert das ein Steppke seinem Opa aus Lindau, dem letzten Ort im Eichsfeld oder dem ersten im Harz auf bundesdeutscher Seite, mit den Worten: »Opa, du bist ja nur am Essen.« Aus Spenden zogen z. B. die Schulschwestern im Konvikt ein Eichsfelder Schlachtfest auf.

Andere kirchliche Einrichtungen standen nicht nach. Kurz: Handelsleute, Betriebe und Bürger richteten ein Fest Eichsfelder Gastlichkeit. Kultur und Sport, so mancher nette Einfall am Rande, Wiedersehen mit Freunden und Stätten der Kindheit, Begegnungen der Kommunalpolitiker, Knüpfen neuer Bekanntschaften – das alles bot dieser Tag.

Als Dankeschön für den freundlichen Empfang nach der Grenzöffnung hatte die Demokratische Initiative das Fest mit ihrem Aufruf vom Friedensplatz initiiert. Sprecher Hans-Gerd Adler sprach zur Eröffnung die Hoffnung auf Begegnungen, Friedfertigkeit und gute Nachbarschaft aus. Er wollte das Fest aber auch als Ausdruck der Einheit verstanden wissen, auf die er und eine erhebliche Zahl Bürger, die das demonstrativ wie symbolisch deutlich machten, nicht bis zum Jahr 2000 warten wollen.

Im Org.-Büro im Rathaus liefen die Fäden zusammen: Wann werden die Mülltonnen geleert? Wo finden kulturelle Veranstaltungen statt? Wohin mit den Instrumenten bis zum nächsten Auftritt? Wo stehen Übernachtungsmöglichkeiten bereit? – Das und anderes wurde allein in zehn von uns beobachteten Minuten von den Kollegen dort erfragt. Die Helfer draußen auf den Straßen und Plätzen versuchten derweil Verkehr, Versorgung und Unterhaltung in Fluß zu halten. Keine leichte Aufgabe, wo sich doch vor den Toren der Stadt die Fahrzeugschlange ab und an kilometerweit staute. Wenn die Schätzungen stimmen, dann besuchten am Sonnabend etwa 60000 Bundesbürger die Stadt und dürften gute Eindrücke von den Heiligenstädtern mitgenommen haben.

aus: Das Volk, 3. 1. 90

Linke Seite: Ein besonderes Ständchen zum Volksfest. Auch der Dichter Theodor Storm ist »mit von der Partie«.

Am 01.02.1990 legte der Sprecherrat der Demokratischen Initiative vor der Mitgliedervollversammlung Rechenschaft über die Spendensammlung anläßlich des Volksfestes am 30.12.1989 in Heiligenstadt ab.

An der Spendenaktion beteiligten sich 6368 Einzelpersonen und Einrichtungen. Das Spendenaufkommen betrug insgesamt 87567,61 M. Hinzu kommen zahlreiche Sachspenden u.a.:
500 Ltr. Bier, 7 Spanferkel, 3 Schlachtschweine.

Aus dem Spendenkonto wurden Ausgaben von insgesamt 53562,89 M finanziert. Bezahlt wurden damit u.a.:
42 kg Kaffee, 5500 Beutel Tee, 118 kg Zitronen,
1000 Ltr. Glühwein, 925 Ltr. Bier, 180 Eier,
36 Weihnachtsstollen, 69 Brote, 11000 Brötchen,
21000 Bratwürste, 117 kg Gehacktes usw.

Die Vollversammlung faßte darüber hinaus den Beschluß, den verbleibenden Betrag sowie den Erlös aus dem Verkauf von Stadtplänen für die Finanzierung des Lebensmitteltransportes von Heiligenstadt nach Timisoara (Rumänien) einzusetzen. Für diese aktive Rumänienhilfe wurde ein Betrag in Höhe von 37078,03 M zur Verfügung gestellt. Das Konto »Volksfest« bei der Sparkasse wurde damit aufgelöst...

Im Namen der Demokratischen Initiative

Hans-Gerd Adler...

Sonntag, 7.1.90 Eichsfeld

Tausende reichten sich die Hände über Grenzen

Menschenkette reichte über Grenzen quer durchs Eichsfeld

Tausende aus Ost und West reichten sich am Sonntag um 14.30 Uhr in langer Reihe über Grenzen hinweg die Hand. ...

Als die Uhrzeiger auf 14.30 Uhr rücken, stehen am Grenzübergang Hohengandern lange Autoschlangen und Hunderte Menschen. Viele haben Kerzen, einige auch Fahnen und Transparente mitgebracht. Eine kleine Kapelle bläst »Lobet den Herrn...« und andere kirchliche Lieder. In die Kette reiht sich auch Christine Schneider, eine Frau in den mittleren

---

M E N S C H E N K E T T E + S O N N T A G + 7. J A N U A R 1 9 9 0

14.30 bis 14.45 Uhr

Die Bürgerinitiativen des Eichsfelds haben zur Bildung einer Menschenkette von Hessen (Witzenhausen) durch das Eichsfeld nach Niedersachsen (Duderstadt) aufgerufen.

"Wir wollen Zeichen setzen" - diese Kette soll unseren festen Willen dokumentieren, daß wir für weitere Veränderungen auf friedlicher Basis diesseits der Grenze eintreten und unsere Zukunft nur zusammen mit unseren wiedergewonnenen Nachbarn sehen. Deshalb sollten sich möglichst alle Bürger guten Willens, auch aus den angrenzenden Regionen Hessens und Niedersachsens, daran beteiligen.

Die motorisierten Bürger werden gebeten, vor 14.30 Uhr entlang der Straßen
Grenzübergang Hohengandern bis Heiligenstadt (F 80)
Heiligenstadt bis Dingelstädt (Landstraße)
Dingelstädt bis Worbis (F 247) und (F 80) durch Leinefelde
Worbis bis Grenzübergang Worbis (F 247)
außerhalb der Ortschaften Aufstellung zu nehmen, um den älteren Bürgern und denen, die nicht motorisiert sind, die Ortschaften zu überlassen.

Das Läuten aller Glocken des Eichsfeldes um 14.30 Uhr bis 14.45 Uhr ist das Signal, die Kette zu schließen. Das Mitbringen einer Kerze soll unsere Friedfertigkeit unterstreichen.

Die Volkspolizei bittet dringend darum, die Fahrzeuge außerhalb der Fahrbahnen zu parken!

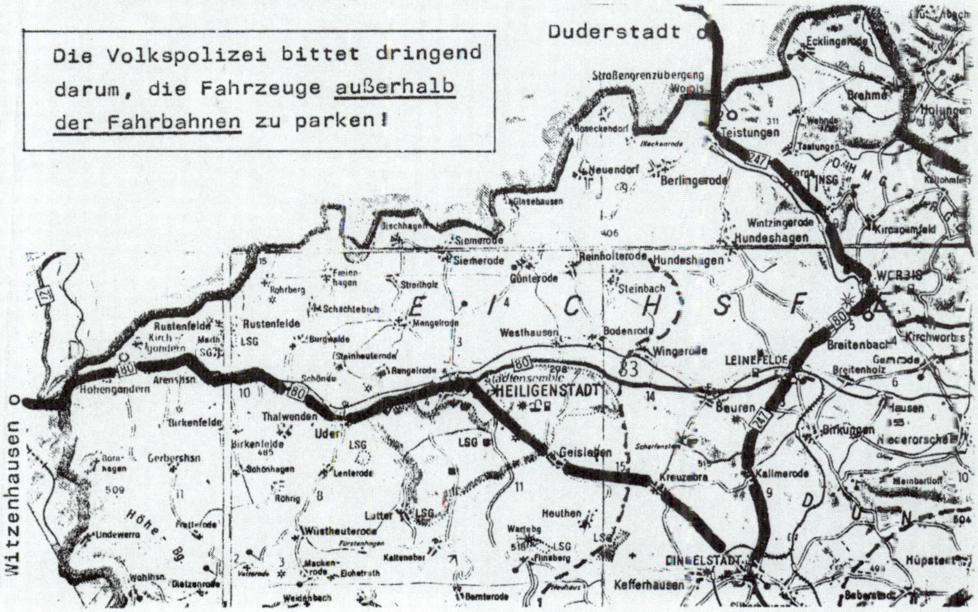

über Grenzen

30

Jahren aus Witzenhausen, ein. Ihr Mann filmt das Geschehen, während sie erzählt: »Wir waren schon oft hier, auch in der Nacht der Nächte. Durch unsere Tochter Anette und ›Visum 87‹ haben wir seit längerem viele Kontakte nach Heiligenstadt. Freundschaften soll man pflegen. Wir möchten, daß gegenseitige Besuche weiter so leichtfallen. Dafür sind wir hier.«

Linke Seite: Hände reichen über Grenzen – Menschenkette am Übergang Hohengander/Witzenhausen

Die Menschenkette in der Nähe von Teistungen

Die Gedanken von Bernd Beck und Günter Engel gehen weiter. Die Bürgermeister von Heiligenstadt und Witzenhausen treffen heute bereits das viertemal zusammen. »An weitere Zusammenkünfte, auch an eine ständige Gesprächsrunde sei gedacht«, erklärt Günter Engel. Nach verwaltungsorganisatorischer Hilfe denke er an eine enge Zusammenarbeit der beiden Städte auf allen Ebenen. »Im Tourismus, auf kultureller Ebene und sozialem Gebiet ist sie am ehesten möglich«, räumt Bürgermeister Beck ein, für andere Bereiche sei erst eine finanzielle Gleichstellung notwendig. Städtefreundschaft bahne sich aber an.

Friedlich, wie sie gekommen, setzen Autofahrer und Fußgänger nach einer Viertelstunde ihren Weg fort oder kehren zurück ins Warme.

aus: Thüringer Tageblatt, 9. 1. 90

Montag, 8. 1. 90 Heiligenstadt

25 000 protestierten gegen die SED

Eichsfeld: Wieder auf die Straße

Von unserem Redaktionsmitglied Werner Keller

Heiligenstadt. Im Eichsfeld, einer katholischen Insel in der protestantischen DDR, rüstet die Reformbewegung zur neuen Runde: »Wir müssen wieder auf die Straße gehen, auch wenn sich in den letzten Wochen einiges verändert hat.« So beginnt am Montagabend die erste Demonstration im neuen Jahr, zu der die Demokratische Initiative rund 25 000 Menschen mobilisieren konnte. Der Platz des Friedens in Heiligenstadt vermag die Menge nicht zu fassen – aus allen Teilen der Kreise Worbis, Heiligenstadt und Mühlhausen sind die Demonstranten angereist. Sie drängen sich bis in die Randgassen.

Schwarz-rot-goldene Fahnen ragen über die Köpfe hinweg,

Rechte Seite: Noch Wochen nach dem Fest zeugen kleine Dokumente am Straßenrand von der Herzlichkeit der Eichsfelder.

auf Spruchbändern heißt es: »Wer die SED wählt, wählt Massenflucht.« Ein Slogan der CDU – der Wahlkampf hat bereits begonnen. Erste Flugblätter werden verteilt. Die Wut auf die »alte SED« sitzt tief, das Mißtrauen gegenüber den Nachfolgern ist verbreitet, wie Sprechchöre immer wieder zeigen: »Weg mit der SED!« Das Eichsfeld als Spiegelbild von Dresden und Leipzig.

Der seit wenigen Wochen amtierende Landrat Dr. Werner Henning (CDU) ist im Eichsfeld eine Autorität. Ohne Konzept trifft er von einem als Bühne umfunktionierten Lastwagen die passende Tonlage: »Meine lieben Eichsfelder!« Er habe in den letzten Tagen viele Anrufe besorgter Bürger erhalten, die ein Erstarken der SED befürchten. Er selber sehe sein persönliches Ziel darin, die unnatürliche Teilung Deutschlands schnell zu überwinden. Aber: »Was 40 Jahre getrennt war, kann nicht von heute auf morgen zusammengeführt werden.«

Der Vorsitzende des Rates des Kreises ruft dazu auf, in den Betrieben die Arbeit weiterzuführen. Ein Chaos in der Wirtschaft könne man sich nicht leisten.

In einem Telex an den DDR-Ministerrat hat Henning gegen Pläne zur Versorgung von ehemaligen Stasi-Angehörigen protestiert, die am Ende besser gestellt werden sollen als die Arbeiter. Für diese Mitteilung gibt es Beifall.

Das Haus der SED in Heiligenstadt sei für die Partei jetzt viel zu groß – 29 Räume habe sie bereits aufgegeben. Über eine künftige Verwendung des Gebäudes der Staatssicherheit werde noch verhandelt.

Henning appelliert an die CDU-Spitze in (Ost-)Berlin, ein klares Bekenntnis zur deutschen Einheit abzulegen – sonst müsse sich das Eichsfeld einen eigenen Weg suchen. Und als der Landrat eine Sonderregelung zur Wiedereinführung kirchlicher Feiertage für das Eichsfeld fordert, ist ihm der Beifall der Menge sicher. »Wir sind viel weiter als andere Kreise«, verkündet der Redner stolz unter Hinweis auf vielerlei Kontakte mit Kommunen in der Bundesrepublik.

Das Eichsfeld hat in der DDR schon immer eine besondere Rolle gespielt.

aus: Hessisch-Niedersächsische Allgemeine, 10.1.90

Heilbad
Heiligenstadt
Eichsfeld
Heiligenstadt
Heilbad im Eichsfeld
Witzenhausen
Kirschenstadt im Werratal
HERZLICH
WILLKOMMEN
NACHBARN!

Montag, 8.1.90 Heiligenstadt

Thomas Heddergott auf der Demo:

Liebe Eichsfelder, werte Gäste!

Mein Anliegen am heutigen Abend ist es, Ihnen die Größe der Gefahr der gegenwärtigen »stillen« Konterrevolution durch die SED-PDS vor Augen zu führen...

Daß die wirkliche Farbe der Parteiflagge nur schamrot genannt werden kann, wurde in diesem Land seit Oktober jedem klar. Doch all das scheint nun von den Verantwortlichen vergessen und überwunden!

Da werden Überbrückungsgelder gezahlt, da werden die Verantwortlichen für unsere volkswirtschaftliche Misere und für die Morde an der Grenze nur äußerst schleppend zur Verantwortung gezogen, während man in den Glanzzeiten alter Macht sogar Andersdenkende nachts aus den Krankenhäusern holte, - und da maßt es sich die SED-PDS an, darüber zu befinden, was für dieses Land not tut, während man momentan eine Versorgung auf Pump durchführt, um uns Sand in die Augen zu streuen. Nach uns die Sintflut!

Mißtrauen und Angst kennzeichnen die Empfindungen des Volkes gegenüber der SED. Schon treffen wieder viele von uns Vorbereitungen zur Ausreise und geben unumwunden zu: Sitzt die SED am 6. Mai wieder in der Regierung, sind wir am 7. Mai verschwunden. Doch die SED zieht sich nicht zurück. Sie klammert sich an die Macht und sollte das Volk dabei ausbluten.

Schon rufen sie wieder nach einer Einheitsfront gegen rechts, meinen dabei alle, die nicht links stehen und beschimpfen Andersdenkende auf ihren SED-Demos als Nazis.

Momentan wird an Wahlbedingungen gebastelt, die der SED die besten Erfolgsaussichten garantieren sollen.

Es erfüllt mich mit Grauen, daß die, die bisher die freie Meinungsäußerung unterdrückten, autoritär und undemokratisch herrschten unter dem Vorwand, die Rechten in die Schranken zu weisen, die alte Autorität des Staates wiederherstellen wollen, was einem Stasi-Mitarbeiter Recht geben würde, der sich beim Ausräumen zu der Äußerung hinreißen ließ: »Bald schreien sie wieder nach uns!« Nur die SED, mein Herr, sonst keiner!

Demokratie fällt einigen sehr schwer. Wie ist es sonst zu erklären, daß alle CDU-Wahlplakate, die unser Stadtbild wenigstens etwas farbenfreudiger machten, im Nu heruntergerissen wurden?...

Darum mein Appell: Seid wachsam! Alles, was wir bisher errungen haben, sind nur Zugeständnisse durch die SED. Der Traum vom Sozialismus führt unweigerlich zu einem bösen Erwachen in der Diktatur! Wir brauchen keine Einheitsfront gegen Minderjährige, sondern gegen die Gefahr, von links wieder vereinnahmt zu werden. Seid euch bewußt: Selbst wer einen Modrow wählt, wählt die SED. Wer die SED wählt, wählt die Diktatur!

Eduard Fiedler auf der Demo:

...Wir können in diesen Wochen Zeugen sein, wie die SED mit neuer Taktik die alte Strategie weiterverfolgt. Sie nennt sich zu ihrem alten Namen zusätzlich »Partei des Demokratischen Sozialismus« - demokratischer geht es ja kaum noch. Von ihren Machtpositionen in den staatlichen und sonstigen Organen hat sie aber noch keinen Zoll breit mehr Macht abgetreten, als für ihren zeitweiligen Rückzug nötig war...

Wem nützt ein Artikel in der Zeitung »Das Volk« mit der Überschrift: »Wehret den Anfängen«, in dem wie überall im Land die SED vor neofaschistischen Tendenzen warnt? Natürlich gibt es solche Tendenzen in der DDR. Aber die Anfänge liegen nicht in dem gesunden Streben nach der Einheit Deutschlands, und sie gibt es nicht erst heute. Die Anfänge liegen viel früher, nämlich in der auch vom Sozialismus nicht richtig aufgearbeiteten Vergangenheit. Den Anfängen hätte man schon eher wehren können. Wie viele Kinder sozialistischer Funktionäre der Stasi und der Armee befinden sich denn jetzt unter den jungen Neonazis, weil sie sich auf diese Weise für ihre elterliche Erziehung bedanken?!

Von der extrem linken Position aus gesehen ist auch die Mitte schon Rechts. So versucht die SED aus der Angst vor Neonazis politisches Kapital zu schlagen. ...

Man sollte sich fragen, wie lange sich hier im Eichsfeld eine SED-Tageszeitung »Das Volk« nennen kann. Ist das nicht eine Herausforderung an das demokratische Bewußtsein und die demokratische Kreativität eines jeden Eichsfelders. Daß eine Partei eine Zeitung beeinflußt, ist etwas ganz Normales. Ob aber z.B. im Kreis Heiligenstadt wirklich etwa die Hälfte der Haushalte sich diese Zeitung noch lange halten muß, ist wohl nicht nötig. Sollte es nicht möglich sein, daß wenigstens hier im Eichsfeld der Einfluß der SED auf ein Minimum zurückgeht? Hier sind Entscheidungen und Aktivitäten Einzelner gefragt. Das TT hat, soviel ich weiß, wieder freie Abonnements und könnte auch noch mehr Papier gebrauchen. Frei werdende Papierkapazitäten könnten dann ja auch von anderen demokratischen Gruppen zur Meinungsbildung und zum Dialog des Volkes genutzt werden.

Wir haben es in der Hand. Oder sind wir nicht das Volk?!

Januar 1990

Bertram Vogt, Pfarrer in Leinefelde:

Seit dem 10.01.1990 wurden alle Anliegen der Stadt Leinefelde am »Runden Tisch« behandelt. Die Gesprächsleitung wurde von der katholischen und evangelischen Kirche übernommen (Pfr. Vogt und Herr Schulze).

Der Rücktritt der von der ehemaligen SED geleiteten Stadtverwaltung und der Stadtverordnetenversammlung erfolgt offiziell am 05.02.90.

Mit der Wahl am 16. März wurde die CDU die führende Partei in Leinefelde. Sie kam auf 57,9%; die SPD erhielt 18,1% und die PDS kam auf 10,8%.

Die Teilnehmer an der Arbeitsgruppe »Christliche Verantwortung« waren seit Januar vor allem in der CDU und in der Katholischen Sozialen Aktion tätig.

Montag, 15. 1. 90 Dingelstädt

Größte Demo im Eichsfeld

40 000 Eichsfelder demonstrierten in Dingelstädt gegen die SED und für die Vereinigung der beiden deutschen Staaten – Beifall für die Landräte Dr. Henning und W. Döring

Heiligenstadt (TT). Am Montagabend demonstrierten in Dingelstädt nach vorausgegangenem Friedensgebet auf dem Kerbschen Berg an die 40 000 Bürger aus beiden Eichsfeldkreisen für die restlose Entmachtung der ehemaligen Stasi, gegen die SED-PDS sowie für die konsequente Fortführung des Demokratisierungsprozesses in unserem Land und für die Vereinigung der beiden deutschen Staaten. Während des endlosen Demonstrationszuges vom Kerbschen Berg ins Stadtzentrum wurde in Sprechchören immer wieder »Keiner wählt die SED«, »SED – das tut weh« und »Gysi, Modrow, SED – Lug und Trug wie eh und je« gerufen. Auf Transparenten war

Dichtgedrängt harren über 40 000 Menschen bei Dunkelheit und Kälte auf der großen Eichsfelddemo in Dingelstädt aus.

zu lesen »Nur mit dem SED-Ende kommt die Wende« und »Deutschland, einig Vaterland«. Ein riesiges Transparent warb für die erneuerte CDU.

Begrüßt wurde der Zug der Demonstranten mit dem Banner des Dingelstädter Kolpingsvereins, der Deutschlandfahne und einer Europafahne an der Spitze auf dem Kundgebungsplatz von Hans-Georg Schuchardt vom Christlichen Zentrum Dingelstädt, welches mit den Bürgerinitiativen Heiligenstadt, Worbis und Leinefelde und der CDU Eichsfeld/Unstrut zu dieser Demo aufgerufen hatte. Tosender Beifall brandete auf, als er als ersten Redner den Heiligenstädter Kreisratsvorsitzenden Dr. Werner Henning (CDU), ankündigte. Dieser sagte unter anderem: »Ich frage mich, mit welchem Recht die SED noch den Anspruch erhebt, im Eichsfeld und anderswo mitreden zu wollen.« Das Eichsfeld könne zu einem Modell für das Zusammenwachsen Deutschlands werden. Sein Ziel sei die Überwindung der Teilung Deutschlands. Herzlich begrüßt auch Landrat Willi Döring (CDU) aus Göttingen, der die Grüße von Ministerpräsident Ernst Albrecht überbrachte, unter Applaus den Mut der Eichsfelder in ihrem Freiheitskampf würdigte und ausrief: »Wir sind ein Volk, wir sind ein Eichsfeld, wir sind ein Deutschland«. Friedo Kaufhold vom Christlichen Zentrum Dingelstädt rief alle Oppositionsparteien und Gruppierungen zum Bündnis gegen die SED-PDS auf, welche in die politische Bedeutungslosigkeit geführt werden müsse: »Wem 40 Jahre Diktatur nicht ausreichen, dem ist nicht mehr zu helfen.« Wenn die SED-Genossen Charakter hätten, dürften sie am 6. Mai gar nicht zur Wahl antreten und gehen. Für die Positionen der CDU sprachen die CDU-Parteivorstandsmitglieder Bernd Beck und Willi Böck. Letzterer rief für Sonntag zur Demo am Grenzübergang Teistungen auf. Der Worbiser CDU-Kreisvorsitzende Flechs verkündete, seine Partei werde den Rat des Kreises Worbis zum Rücktritt auffordern.

aus: Thüringer Tageblatt, 17. 1. 90

Nachtrag zur Demo am Montag in Dingelstädt

Zu ...zig Tausenden waren die Demonstranten am Montagabend nach Dingelstädt gekommen. Und was sie auf der Kundgebung hörten, wie sie zusammen sich gegeben SED-PDS und für die weitere Demokratisierung in unserem Land äußerten, das waren deutliche Worte: Im Eichsfeld, so Kreisratsvorsitzender Dr. Henning (CDU), sei für Ideologien kein Platz mehr. Die sich nun bietende historische Chance müsse das Volk nutzen, dabei auch jenen die Wende ermöglichen, die es ehrlich meinen. Denn: »Altes Unrecht ist nicht dadurch zu beseitigen, indem man neues Unrecht begeht.« Geradezu exemplarisch beweise sich an der SED – so Friedo Kaufhold vom Christlichen Zentrum Dingelstädt: »Wer sich selbst erhöht, wird erniedrigt werden.« Dagegen könne die CDU auf dem Eichsfeld wieder ein Hoffnungsträger werden. Er erinnerte daran, daß es die SED war, die den Staatssicherheitsapparat aufbaute. Auf diesen Punkt ging auch Kaplan Wagenführ aus Worbis ein. »Die Stasi werde so lange ein Thema bleiben, solange noch ein Genosse an der Macht sei. Die Stasi war ein Knüppel in der Hand der Partei. Auch der, der den Knüppel geschwungen hat, muß abtreten. Schütteln wir den letzten Staub ab, vor allem, wenn er rot ist.«

CDU-Parteivorstandsmitglied Willi Böck, Bürgermeister in Bernterode/UE. forderte energisch freie Wahlen auf allen Ebenen am 6. Mai. Scharf prangerte er das ehemalige MfS an.

Er rief zur großen Demo am kommenden Sonntag, 14 Uhr, am Grenzübergang Teistungen auf. Mit Koffer und Rucksack solle man kommen, um gemeinsam zu demonstrieren wie es aussieht, wenn ein ganzes Volk die DDR verläßt. »Diesmal kommen wir noch wieder«, rief er aus. Die CDU Worbis – so Kreisvorsitzender Flechs – wolle nicht mehr bis zum 6. Mai auf die Wende warten. Sie fordere, daß der Rat des Kreises zurücktritt. »Es wird Zeit, daß auch der Eichsfeldkreis Worbis wieder einen christlichen Ratsvorsitzenden bekommt.«

Helmut Riethmüller von der Demokratischen Bürgerinitiative Heiligenstadt machte Ausführungen zum Wirtschaftschaos in der DDR. Die SED habe das Volk in die Misere geführt. »Sozialismus läßt sich nur in einer Diktatur verwirklichen, und davon haben wir alle genug«, betonte er. Am 6. Mai keine Stimme der SED-PDS zu geben, sondern die Demokratie zu wählen, rief unter starkem Beifall Alfred Winter, Christliche Verantwortung Leinefelde auf. Den Positionen der CDU stimme er zu. Unmißverständlich sein Satz: »Wer so weit links steht wie die SED, für den kann jede andere Meinung nur von rechts kommen.« Bernd Brand forderte den Betriebsdirektor des VEB Zigarrenfabriken Dingelstädt, der ökonomischen Unsinn betreibe, zum Rücktritt auf. Die Gruppe 146 aus Kassel setzte sich für die deutsche Einheit ein. Sie sei eine Voraussetzung für ein Gesamteuropa ohne Grenzen.

aus: Thüringer Tageblatt, 18. 1. 90

Dienstag, 16. 1. 90 Dingelstädt

Warnstreik und Kundgebung

Dienstag in Dingelstädt:
Um 9.45 Uhr stellten Obertrikotagenwerker Maschinen ab
Massiv wurde der Rücktritt des Betriebsdirektors gefordert – Zug zum Rathaus

Dingelstädt (TT). Am Dienstagvormittag im VEB Eichsfelder Obertrikotagenwerk: Exakt um 9.45 Uhr wurden sämtliche Maschinen abgestellt, trat die Belegschaft geschlossen in den Warnstreik. Dann traf man sich im Hof des Betriebes zu einer Kundgebung. Eine Arbeitsgruppe, die sich vor einer Woche etwa im EOW gebildet hatte und sich »Demokratischer Aufbruch« nennt, trug Forderungen vor. Um gerechten Lohn für alle ging es und soziale Marktwirtschaft, verlangt wurde die

Rechte und folgende Seiten: Die Massenflucht wird geprobt. 60–80.000 Eichsfelder setzen ein deutliches Zeichen.

Eigenständigkeit des Betriebes, die Auflösung der Abteilung Kader, Arbeit, Bildung und Rücktritt deren Direktors und Umwandlung dieser Abteilung in ein Personalbüro mit neuen Mitarbeitern. Gefordert weiter u.a.: eine sofortige Verwaltungsreform, keine Einstellung von Mitarbeitern der ehemaligen Stasi, Auflösung des Sicherheitsapparates des Betriebes, schließlich der Rücktritt des Direktors des VEB EOW. Vor der Belegschaft habe er sich zu entschuldigen für die Tatsache, daß sämtliche Kollektive zur DSF-Mitgliedschaft gezwungen wurden. Bereits früh um 6 Uhr waren Flugblätter mit diesen Forderungen im Werk verteilt worden.

Unmittelbarer Anlaß für Ausstand und Kundgebung war der Besuch des stellvertretenden Generaldirektors vom Kombinat in Karl-Marx-Stadt, dem am Nachmittag dann oben genannte Punkte vorgetragen wurden. Die Gelegenheit wollten sich die Kollegen nicht entgehen lassen, um endlich demokratische Veränderungen im Werk durchzusetzen.

Während des Warnstreiks schloß sich die EOW-Belegschaft Werktätigen von VEB Petkus und Kfz-Instandsetzung an, zog zusammen zum Rathaus und sang hier die Nationalhymne. Anschließend kam es noch beim VEB Zigarrenfabrik zu einer Kundgebung, bei der ebenfalls massiv der Rücktritt des Betriebsdirektors verlangt wurde. Gegen 11.30 Uhr nahmen die Werktätigen vom EOW ihre Arbeit wieder auf.

aus: Thüringer Tageblatt, 18.1.90

Schüler rebellierten – Bücher verbrannt

Wie TT erfuhr, verließen in Dingelstädt ca. 500 Schüler der beiden Stadtschulen am Dienstag nach der ersten Unterrichtsstunde die Schulgebäude und zogen durch die Straßen. Es soll zur Verbrennung von Lehrbüchern gekommen sein. Dann setzten sich die Klassen – vorwiegend Ober-, aber auch Mittel- und sogar Unterstufe – nach Leinefelde in Marsch. Die VP sorgte für den Rücktransport vor allem der Kleinen per Bus. Die spontane Aktion, die begreiflicherweise Unruhe und Sorge hervorrief, richtete sich zum größten Teil gegen Russisch- und Stabü-Unterricht.

aus: Thüringer Tageblatt, 18.1.90

Kommt die SED wieder
an die Macht
Gehen wir noch in d
selben Nacht!

POLIZEI

CDU

Symbolische Massenflucht der Eichsfelder Bevölkerung – Mehr als 50 000 waren dabei

»Heute kommen wir noch einmal wieder«

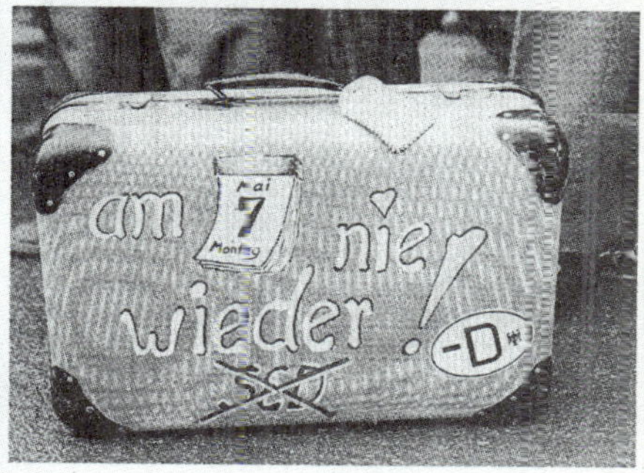

»Wer die SED wählt – wählt die Massenflucht« war das Motto einer von der CDU im Eichsfeld organisierten, nicht alltäglichen Demonstration am Sonntagnachmittag, 21. Januar.

Weit mehr als 50 000 Frauen, Männer, Jugendliche und Kinder beteiligten sich an der symbolischen »Flucht« und machten sich in Teistungen auf den Weg.

Mit Transparenten, Fahnen und Gepäckstücken passierten sie in einem langen Zug den Grenzübergang in Richtung Duderstadt. Ziel war die niedersächsische Gemeinde Gerblingerode, wo eine Kundgebung stattfand. Dort, wie auf dem Weg, bekundeten sie, bei den Wahlen am 6. Mai dafür zu sorgen, daß die SED nicht wieder an die Macht kommt. Für den Fall eines anderen Wahlausgangs drohten sie damit, ihre Heimat zu verlasen.

Sprechchöre forderten »Nieder mit der SED – PDS« oder verkündeten »Heute kommen wir noch einmal wieder«. Der Grenzübergang war für die Zeit der Demonstration für jeglichen Fahrzeugverkehr gesperrt.

Fotos: Jürgen Ludwig

Sonntag, 21. 1. 90 14.00 Uhr

Im Eichsfeld konnte im Sommer '89 von einer Massenflucht junger Menschen nicht gesprochen werden. Zwar gab es einige schmerzliche Erfahrungen, doch die meisten hielten ihrer Heimat die Treue.

Als warnender Hinweis jedoch wurde die »Probe einer Massenflucht« inszeniert unter dem Motto »Wir kommen wieder«. Die Schätzungen beliefen sich auf 60 bis 80 Tausend Menschen, die dem Aufruf aus dem Kreise Worbis gefolgt waren und mit ihrem Habchen und Babchen (Hab und Gut) ein unmißverständliches Zeichen setzten. Es wurde nicht bekannt, daß einer der Teilnehmer dieser Demonstration das Motto mißachtet hätte.

Bei aller Ernsthaftigkeit eines solchen Unternehmens herrschte Volksfeststimmung. »Sie strömen immer noch«, ein oft benutzter Ausspruch eines der Hauptorganisatoren, des Müllermeisters Walter Strozynski (Dingelstädt), wurde zum geflügelten Wort während des stundenlangen Aufmarsches der Massen bei dieser Großveranstaltung.

Montag, 22. 1. 90 Heiligenstadt

Friedliche Schülerdemo in Heiligenstadt

Mit Jubel Mitteilungen des Kreisschulrates aufgenommen

Heiligenstadt. Wenn unsere Eltern für Reformen und die weitere Demokratisierung in unserem Lande auf die Straße gehen, so wollen wir nicht abseits stehen. Dies sagten sich einige hundert Mädchen und Jungen aus den Heiligenstädter Stadtschulen und fanden sich am Montagvormittag gegen 7.30 Uhr zur ersten Schülerdemo in Heiligenstadt zusammen. Zuerst zogen die Schüler zum Marktplatz, dann zur Schule in der Lindenallee und über die Bergschule zum Friedensplatz. Sie demonstrierten für die Abschaffung des Staatsbürgerkundeunterrichts und des Russischunterrichts. Transparente mit den Aufschriften »Wir wollen wählen«, »Russisch nur als Wahlfach« und »Für bessere Schulbedingungen in der POS II«. Die Demonstration verlief friedlich und ohne Bücherverbrennungen. Auf dem Friedensplatz, wo sich die Schüler versammelten, sprachen Hans-Gerd Adler und Martin Gaßmann sowie Kreisschulrat Althaus (CDU) zu den Demonstranten. Mit verständlichem Jubel wurde von den Schülern die Entscheidung des Kreisschulrates aufgenommen, daß es ihnen freistehe, nach der Demo nach Hause zu gehen oder in den Klassen weiterzudiskutieren.

Dieter Althaus versicherte, daß er den Schülersprechern für Fragen stets zur Verfügung stehe. Der Kreisschulrat teilte mit, daß Russisch Wahlfach werde und nach den Winterferien in den Schulen des Kreises keine Staatsbürgerkunde unterrichtet wird, sondern es dafür eine Art Gesellschaftskunde geben werde. Die Schüler der jetzigen 10. Klasse könnten selbst entscheiden, ob sie in Russisch eine Prüfung ablegen möchten oder nicht. Hans-Gerd Adler schlug den Schülern vor, die nicht mehr benötigten Hefte und Bücher der beiden genannten Fächer in den Altstoffhandel zu bringen und den Erlös für Rumänien zu spenden.

aus: Thüringer Tageblatt, 24. 1. 90

Die große Schülerdemo in Heiligenstadt am 22.01.90 auf dem Friedensplatz

Der neue Kreisschulrat verkündet, daß das Fach Russisch als Wahlfach unterrichtet werden soll.

Bisher unvorstellbar – die Polizei geht mit Forderungen auf die Straße.

17.2.90 – Heiligenstadt hat hohen Besuch. Die Bundestagspräsidentin, Frau Prof. Dr. Rita Süßmuth, wird durch Heiligenstädter Bürger begrüßt.

Folgende Seite: Neue Perspektive – Zusammenarbeit der Polizei von Ost und West.

POLIZEI

Montag,
22. 1. 90
Heiligenstadt

Montagsdemonstration in Heiligenstadt:

»Wir bleiben wach und bereit«

Ernst Rost: »Wählt die CDU, da seid ihr auf dem richtigen Weg!«

Heiligenstadt (TT). Das Motto »Wir bleiben hier«, setzte Hans-Gerd Adler von der Demokratischen Initiative über die Montagsdemonstration auf dem Friedensplatz nach vorangegangenem Friedensgebet in St. Gerhard. Die gewaltigen Eichsfeld-Kundgebungen in Dingelstädt und Teistungen hätten bewiesen, daß wir – das Volk – wach und bereit sind, weiterzutragen, was begonnen wurde, die Revolution auch zu Ende zu führen. Grüße übermittelte er vom Ratsvorsitzenden Dr. Henning (CDU), der in Bonn weilte, hier weitere »Fäden knüpfte«, die zur künftigen Selbstverwaltung des Eichsfeldes und bessere Lebensbedingungen der Bürger entscheidend beitragen können. Für diese Mitteilung gab es starken Beifall, ebenso für die Information, daß bis auf weiteres die Montagsdemo stattfinden wird.

Angesichts der Schülerstreiks appellierte Diakon Lang eindringlich an elterliches Verantwortungsbewußtsein. Anti-Schulhaltung sei eine Gefahr für den Demokratisierungsprozeß in der Volksbildung, ebenso die Tatsache, so Herr Neumann, daß in Elternvertretungen (konkret POS 2) ehemalige Stasi-Mitarbeiter sitzen. Die Ziele der LDPD erläuterte Wolfgang Beykirch. Ein ähnlich soziales Netz der Sicherheit wie in der BRD forderte Martin Gaßmann. Die Entwicklung in den Dörfern selbst in die Hand zu nehmen, rief Lothar Weinrich auf. In Uder z. B. sei von 45 Bürgern eine Demokratische Initiative gegründet worden. Die Zwangsideologie in 40 Jahren DDR prangerte Gemeindeschwester Ursula Bernhardt (CDU) an. Sie setzte sich u. a. für gleichwertige Bezahlung bei Pflege kranker Angehöriger analog der bezahlten Freistellung von Müttern ein.

Kritisch äußerte sich Ernst Rost, wie immer »der Alte«, über die Herren Gysi und Modrow und zum Reisegesetz. Alle noch existierenden Waffen der Stasi müßten unter Kontrolle der Opposition vernichtet werden. Weiter rief er: »Wählt die CDU, da seid ihr auf dem richtigen Weg.« Wigbert König betonte, er sage ja zu einer christlichen Partei, die das ungeborene Leben schützt.

aus: Thüringer Tageblatt, 24. 1. 90

Montag, 29. 1. 90 Heiligenstadt

Rund 5000 Demonstranten forderten am Montagabend in Heiligenstadt:

Für rasche Einheit Deutschlands

Heiligenstadt (TT). Eine kräftige Prise Wahlkampf lag über der Kundgebung der Montagsdemo in Heiligenstadt. Das war nicht nur der Eindruck von Karl Dirks, der wieder die mächtige schwarz-rot-goldene Fahne den Demonstranten vorantrug, und von Michael aus Hamburg, dem vermutlich weitestgereisten Demo-»Gast« des Abends. CDU, LDPD und SPD präsentierten sich. Die Hauptforderungen der rund 5000 Demonstranten waren: rasche Vereinigung der beiden deutschen Staaten, Selbstauflösung der SED-PDS, endgültige Entmachtung der Stasi, Einführung der sozialen Marktwirtschaft und eine Währungsangleichung.

Welche Sympathien der Kreisratsvorsitzende Dr. Werner Henning und Heiligenstadts Bürgermeister Bernd Beck (beide CDU) genießen, machte der den beiden Hoffnungsträgern der CDU Eichsfeld entgegengebrachte Beifall wieder einmal deutlich. Dr. Henning und B. Beck veranschaulichten, wie sie erfolgreich in der Bundesrepublik Deutschland um Unterstützung werben. Für die anstehende GmbH-Gründung mit Duderstadt, so Dr. Henning, stünden schon 16 Millionen D-Mark bereit. Mit Begeisterung nahmen die Demonstranten die Ankündigung auf, daß die Bundestagspräsidentin Prof. Rita Süssmuth am 17. Februar in Heiligenstadt vor Lehrern sprechen werde. Da dieser Tag der Geburtstag von Frau Süssmuth ist, solle man ihr einen schönen Empfang bereiten, meinte Pfarrer Meinhof. Bürgermeister Beck, der sich wieder kämpferisch für die Kreisstadt und seine Partei zeigte, legte die Geldsorgen der Stadt dar: »Wir brauchen Geld für unsere vielen Aufgaben, aber vernünftiges Geld, D-Mark.«

Von der demokratischen Bürgerinitiative nahm Helmut Riethmüller analytisch die SED-PDS (sie versuche, mit »Trickigysi« auf Dummenfang zu gehen), SPD und CDU in Augenschein. Frank Vollmar und Wigbert König prangerten abermals die ehemalige Stasi an. Manfred Grund begründete, warum er nun Mitglied der CDU geworden sei. In dieser Partei wolle er die in der demokratischen Initiative begonnene Arbeit konsequent fortsetzen. Ernst Rost nahm wieder originell und treffend die SED, die sich ins Nichts auflösen solle, und ehemalige Stasi aufs Korn. Wolfgang Beykirch (LDPD) signalisierte die Koalitionsbereitschaft seiner Partei mit der CDU.

aus: Thüringer Tageblatt, 31.1.90

Januar/ Februar 1990

Lebensfreude und ausgelassene Fröhlichkeit gehören zum Eichsfelder. So ist es nicht verwunderlich, daß die Faschingszeit in besonderer Weise politische Satire und Humor zutage förderte. Da viel schwere Arbeit in der »heißen Phase« der Revolution bereits getan war, sehnten sich die Menschen nach einer angemessenen Entspannung und Abwechslung. Gelegentlich wurden während der Kundgebungen ab 11. November »närrische Einlagen« in das Programm eingebaut.

Höhepunkte waren die Karnevalssitzungen in vielen Eichsfelder Orten. Niederorschel, Breitenworbis, Worbis, Uder und viele andere wagten sich in den Jahren zuvor in diesem Genre bereits auf »politisches Hoheitsgebiet« und riskierten mitunter Kopf und Kragen. Nun aber konnten solch »unerwünschte Beiträge« in voller Länge, klar und offen zu Gehör gebracht werden. Gab es bisher oftmals ein Erschrecken der Zuhörer über das »Wagnis«, so fanden die Beiträge in dieser Saison offenen und stürmischen Beifall. Vielerorts waren die dargebotenen Programme eher als politische Veranstaltung zu bezeichnen, wenn man von Kostümierung und Tanz abgesehen hätte. Nichts, was es an politischer Aktualität aufzuspießen galt, ließ sich ein Karnevalsverein in dieser brisanten Zeit nehmen.

In einigen Orten des Kreises Heiligenstadt war das Motto »Der Karneval macht frei« gewählt worden. Unter diesem Motto wurde am Rosenmontag ein Open-Air-Politfasching in Heiligenstadt organisiert.

Rosenmontag, 26.2.90 Heiligenstadt

Rosenmontag in Heiligenstadt

Heiligenstadt. Tüchtig verregnet war es ja bei dem Wolkenbruch der niederging, aber ins Wasser fiel er deshalb noch lange nicht: der erste Politkarneval in der Geschichte Heiligenstadts am Rosenmontag auf dem Boulevard der Kreisstadt

... Nach rund 25 Jahren karnevalistischen Schweigens erlebte der öffentliche Fasching in Heiligenstadt wieder seine Neuge-

Die Demokratische Initiative Heiligenstadt
entbietet
allen Freunden des Karnevals,
allen Revolutionärrinnen und Revolutionarren
ein dreifach donnerndes
H E L A U ! H E L A U ! H E L A U !

Wir grüßen Euch zur Politschau
gar närrisch - nicht gediegen -
mit einem donnernden HELAU,
daß sich die Balken biegen!

Heut ist ein festliches Debüt
in einer neuen Zeit.
Was vergangen, ist verblüht.
Kultur ist nun befreit!

Befreit ist unser Karneval
von allen Fesseln, allen Banden.
Drum, Freunde, jubelt allemal,
da wir die Freiheit wieder fanden!

Wir wollen heute fröhlich sein.
Wir wollen tanzen, singen.
Ein Jeder bringe sich mit ein,
soll unser Fest gelingen!

Humor und Freude laßt heut regieren,
sie sind nicht bloße Narretei.
Laßt Euch nie wieder so verführen!
Bedenkt, auch Karneval macht frei!

Gehannes vum Lipsbärge

Viel Spaß und Freude wünschen im Namen der Veranstalter
und Aktiven

die Demokratische Initiative Heiligenstadt

der U C V Uder
der S C V Siemerode
der C V Geisleden

Hans-Gerd Adler
Programm und Regie

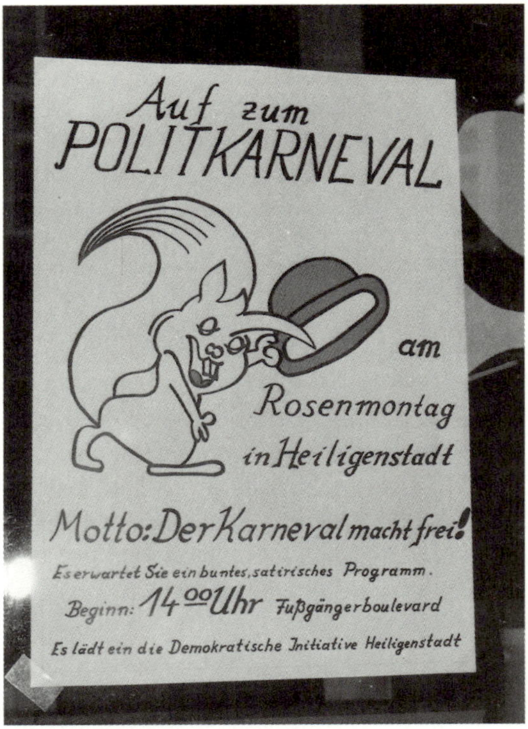

Einladungen zum Politkarneval, dem ersten närrisch-politischen Spektakel

Das Schild, das mancher verloren glaubte. Eine Vorankündigung zur Umbenennung der Karl-Marx-Straße in Heiligenstadt in ihren ursprünglichen Namen.

Der Moderator der Veranstaltung Helmut Rosenthal – trotz Regen und Wind, wir machen vorerst weiter.

Auch unter dem Regenschirm kann man singen und schunkeln.

burt, ganz nach dem Motto »Der Karneval macht frei«. Obwohl das schlechte Wetter das auf 3 Stunden ausgerichtete Programm mächtig durcheinander wirbelte, ließen sich die Zuschauer und die Aktiven von der DI Heiligenstadt, vom KC Geisleden, SCV Siemerode und UCV Uder nicht entmutigen. Sie hielten durch, wenn auch oft bis auf die Haut durchnäßt. In der Schar der bunt Kostümierten wurden Fähnchen und Fahnen geschwenkt, darunter auch die Banner der FDJ und die DDR-Flagge, was jene Gruppe Jugendlicher, die sich beide Fahnen aus der ehemaligen SED-Kreisleitung ertrotzt hatten, als karnevalistischen Tupfer verstanden wissen wollten.

Was in der Bütt zur Sprache kam, hatte es politisch in sich, hätte vor der Wende mit Sicherheit »hundertprozentige Zellenaufenthalte gebracht«, »Gewahrsam«, an den Thomas Heddergott als »Sträfling 777« und mit dem Refrain »Leute, macht die Zelle frei für die Spitze der Partei« erinnerte. Der Auftritt von Walter Langlott, Uder, als »Parteisekretär« weithin erkennbar am überdimensionalen Parteiabzeichen, war wohl die Krönung des Politkarnevals. In Manier eines »geschulten Agitators«, mit dem jeder so seine Erfahrung gemacht habe, redete er auf das Volk ein. »Hättet Ihr uns weiter machen lassen – das Eichsfeld wäre rot geworden.« Als Till Eulenspiegel schlüpfte Wigbert König in die Haut von Stasi-Mielke, Mittag, Honecker und Schalk-Golodkowski – »Persönlichkeiten, die heute Gott sei Dank nichts mehr zu sagen haben«.

Mit Jubel begrüßt ein »Wendehals«, »Der letzte Rote Bruder« und Hans-Gerd Adler in der Rolle des »in der DDR so schändlich verdrehten Philosophen Karl Marx«. Hans-Gerd Adler verstand es auch, trotz garstigen Wetters, die unerschütterliche Schar der Närrinnen und Narren aus nah und fern mit seinem »Eichsfelder Lied« und dem Song »Der Karneval macht frei« in Schwung zu halten. Für die gute Laune freilich brauchten er und die anderen Politkarnevalsmacher nicht zu sorgen. Die Menge applaudierte und sang nicht nur kräftig, sie hörte hell zu. Was auf der Bühne parodiert wurde, war keinem von ihnen fremd, war bis vor wenigen Monaten noch real existierender Sozialismus, bei dem es für die meisten wenig zu lachen gab.

Zeitungsartikel, Quelle unbekannt

Aus »Der Philosoph« (nach der Revolution)

...
Revolutionärinnen, Revolutionarren!
Wer von euch spannt sich mit vor den Karren,
der schwer beladen mit Schuld und mit Dreck
im roten Morast bis über die Achsen drin steckt?
Wer sorgt nun dafür, daß Deutschland erblühe?
Wer packt mit an, wer gibt sich nun Mühe?
Wer verzichtet, zu waschen nur schmutzige Wäsche?
Wer legt sich für *ein* Deutschland mit in die Presche?

Bist du es? - Gehörst du mit dazu?
Oder fährst du schon wieder in den Westen, sagst:
»Laßt mich in Ruh!«
und denkst dir - laß nur die anderen mal machen,
ich kümmere mich nur um meine eigenen Sachen.
Ich bin nur für's Westgeld und brauche mehr Lohn,
wer unbedingt will, mache hier Revolution.
Und wenn die dann scheitert - und 's bei mir hier nicht sackt,
dann gehe ich nach Drüben - die Koffer sind schon gepackt!

Wer so denkt, dem halte ich ungeschminkt vor,
daß er nur verdient den Titel »ein Tor«.
Solche Narren und Tore, merkt euch jedenfalls,
sind meistens noch schlimmer als ein Wendehals.
Wer nur immer sucht sich den besten Braten,
der kann auch ganz schnell seine Heimat verraten.
Wer sieht nur Klamotten und Autos und Westgeld,
der pfeift noch zum Schluß auch auf unser Eichsfeld.

Gehannes vum Lipsbaerge

**Montag,
12.3.90
Heiligenstadt**

Hans-Gerd Adler, aus der Eröffnungsrede auf der Demo:

Liebe Eichsfelder, liebe Freunde aus nah und fern!

Ich begrüße Sie alle sehr herzlich zu unserer heutigen Kundgebung. Mit ihr nähern wir uns einem ganz wichtigen Etappenziel in unserer friedlichen Revolution - der anstehenden Wahl zur Volkskammer am 18. März 1990.

So steht auch unsere heutige Kundgebung ganz im Zeichen dieser ersten freien geheimen Wahl für uns, als noch DDR-Bürger.

Unter dem Motto - »Das Volk hat die Wahl« - wollen wir heute einen kurzen Rückblick halten und auf das schauen, was uns die Revolution hier im Eichsfeld gebracht hat. Wir tun das mit dem Ziel, daß sich jeder von uns hier in den noch verbleibenden Tagen bis zur Wahl darüber klar werden möchte, welcher Partei er nach seinem Gewissen am 18. März seine Stimme geben kann...

...Wenn wir nun Rückschau halten, so möchte ich zunächst am Ende einer solch bedeutungsvollen Etappe Dank sagen.

Ein erster Dank gilt den Vätern und Müttern der Revolution, gilt denen, die in Leipzig, Dresden oder anderswo zuerst den Mut aufbrachten, auf die Straßen zu gehen.

Dank aber auch Euch - Euch, die Ihr von der ersten Stunde an der Revolution hier im Eichsfeld die Treue gehalten habt, die Ihr hiergeblieben seid, die Ihr Eure Schwestern und Brüder, Eure Eichsfelder Landsleute, Eure Heimat nicht im Stich gelassen habt.

Ihr habt Montag für Montag Euer Licht hier auf den Friedensplatz getragen, wo es zusammen mit vielen tausend Lichtern gemeinsam diesen Platz hell erleuchtet hat. Dieses Euer

Licht hat uns alle wieder sehend gemacht - nicht nur in der Dunkelheit des Abends, sondern in der Dunkelheit, in der wir 40 Jahre lang gefangen waren.

Ein ganz besonderer Dank aber gilt den vielen, vielen Betern, die sich montags in oder vor St. Gerhard versammelt haben und den vielen stillen Betern zu Hause - den Alten und Kranken.

Ihnen nur ist es zu verdanken, daß unsere Revolution, trotz mancher verständlicher Emotionen, den in der Weltgeschichte wohl einmaligen friedlichen Verlauf genommen hat. Das sollte niemals von uns - weder vom Volk, noch von denen, die es bisher beherrscht haben, vergessen werden.

Nur das gemeinsame Gebet um Frieden und Freiheit, um Gerechtigkeit und Einheit hat uns schließlich so stark werden lassen, hat uns Mut und Hoffnung verliehen. Es hat uns dazu befähigt, auch hier im Eichsfeld dem Beispiel der Leipziger zu folgen und auf die Straße zu gehen.

Mit dem Ruf - »Wir sind das Volk!« - haben wir wieder zu uns selbst gefunden - haben wir unsere Angst überwunden - die Angst, daß wir *ohnmächtig* - ohne Macht sind. Sicher wird manchem von Euch jetzt noch eigenartig zumute sein, wenn er an unsere erste Demo denkt. Ich schäme mich nicht zu sagen, daß mir die Angst förmlich in der Kehle steckte.

Auch wenn das Ziel noch nicht erreicht wurde, so hat der Ruf
»Deutschland einig Vaterland!«
doch Mauern zum Einsturz gebracht, hat Stacheldraht und Zäune zerrissen, hat Grenzen aufgetan, an denen so manches junge Leben ein jähes Ende fand - nur weil es sich nach Freiheit sehnte.

Anders, als zu unserer ersten Demo waren die Gefühle, als am 9. November und 22. Dezember die Grenzen geöffnet wurden, die Grenzen, unter denen wir die ganzen Jahre, besonders hier im grenznahen Bereich gelitten haben. Die Freude, die wir in jenen Tagen erleben durften, kann uns niemand mehr streitig machen. Wer hat nicht Tränen der Freude in seinen Augen gehabt - auch wenn er nach vielen Jahren zum ersten Male am Grabe seiner Eltern stehen konnte? Wer erinnert sich nicht gern an den großen Tag der Begegnung hier in der alten 1000jährigen Eichsfeldmetropole, den Tag, der nicht nur ein Volksfest im wahrsten Sinne des Wortes, sondern ein großes Fest der Freude für alle Beteiligten war?

Liebe Freunde der friedlichen Revolution!

Eine Demonstration, die sich von all unseren übrigen Veranstaltungen unterschied, war der große Politfasching hier in Heiligenstadt. Annähernd fünftausend Bürger fanden sich ein, um einmal ihrem Herzen auf besondere Weise Luft zu machen.

Auch wenn die wolkenbruchartigen Niederschläge am Rosenmontag das geplante Programm zum Politfasching buchstäblich ins Wasser fallen ließen, konnten sie unsere Stimmung, unsere Eichsfelder Fröhlichkeit nicht ersäufen.

Aber nicht nur diese äußeren, doch sehr wichtigen Ereignisse haben wir der Revolution zu verdanken.

Das, was sich meist mehr außerhalb der Öffentlichkeit vollzieht, ist mitunter ebenso bedeutungsvoll und wichtig.

Es sei daran erinnert, daß bei uns hier die Macht der SED verhältnismäßig schnell gebrochen und die Stasi aufgelöst wurde.

Mit der Wahl von Dr. Werner Henning zum neuen Landrat wurde ein entscheidender Schritt vollzogen, der die Grundlage für den endgültigen Bruch mit dem alten Machtapparat für eine hoffnungsvolle neue Entwicklung in unserem Kreise zum Wohle des Eichsfeldes darstellt. In Dr. Henning, der auch aus den Reihen unserer Bürgerbewegung kommt, haben wir einen Mann des Vertrauens gefunden, der unser aller Achtung verdient. Seinen Mut, in dieser schweren Zeit einen solchen Posten anzunehmen, kann man nicht genug bewundern.

Darüber hinaus sind weitere personelle Veränderungen erreicht worden, die ebenfalls nicht unerwähnt bleiben sollen.

Ich erinnere an die Neubesetzung des Kreisschulrates, an die Neubesetzung des Kreisarztes, an die Neubesetzung des Sekretärs, die Neubesetzung bei der Abt. Inneres und nicht zuletzt an den neuen Bürgermeister der Stadt Heiligenstadt.

Auch das sind Veränderungen, auf die das Volk einen bedeutenden Einfluß genommen hat.

Weiterhin konnte vom Volk erwirkt werden, daß bis jetzt fast alle ehemaligen Verbindungsstraßen zum angrenzenden Bundesgebiet geöffnet sind. Auch das ist eine beispielgebende Tatsache für andere Grenzgebiete der DDR zur Bundesrepublik.

Worauf wir Eichsfelder auch stolz sein können, ist die Wiedereinführung von 4 kirchlichen Feiertagen als arbeitsfreie, bezahlte Zeit: Ostermontag, Himmelfahrt, Fronleichnam und Allerheiligen. Auch diese Tatsache wird anders als bisher proklamiert, zur gewachsenen Lebensfreude unserer Menschen beitragen.

In Fragen Gleichberechtigung von kirchlichen Einrichtungen konnte erreicht werden, daß die konfessionellen Kindergärten künftig mit den gleichen Stützungsbeiträgen bedacht werden, wie es die staatlichen Kindergärten bekommen.

Zum Bildungs- und Erziehungswesen werden wir nachher noch nähere Ausführungen hören können.

Liebe Eichsfelder!

Auf diese kurz umrissenen Erfolge unserer Revolution dürfen wir mit Recht stolz sein. Wir sind stolz darauf, weil wir sie nicht als Geschenk oder Wiedergutmachung erhalten, sondern weil wir sie uns erkämpft haben. Und wir lassen uns diese Erfolge auch durch niemand wieder streitig machen...

...Trotz aller Freude über unsere Erfolge, können wir heute über ein Problem nicht schweigen - das Problem ANGST!

Als ob wir 40 Jahre lang nicht genug Angst hatten? Vor wem oder was sollten wir heute Angst haben? Was haben wir denn eigentlich noch zu verlieren -? Hier muß ich doch Marx einmal zitieren, der da sagte: »Das Proletariat hat nichts zu verlieren, außer seine Ketten!« Wie wahr hat Marx gesprochen. Haben wir nicht die Ketten gesprengt, die unsere Arbeiter- und Bauernmacht um uns Arbeiter und Bauern gelegt hatte? Haben wir nicht die Freiheit erreicht, nach der wir Jahrzehnte gelechzt haben? Worum sollte uns also Angst sein? Lassen wir uns doch nicht von denen einschüchtern, die uns jahrelang diese Angst eingeflößt haben - nur, daß sie es heute auf ganz anderen Gebieten und mit ganz anderen Mitteln versuchen. Sprechen nicht Plakatschmierereien, Drohungen und anderes mehr ihre eigene Sprache? Wer fürchtet denn soziale Verluste - sprich Privilegien - wenn die Einheit Deutschlands verwirklicht wird? Wer warnt davor, das Eichsfeld könne zu schwarz werden und behauptet, dann hätte es auch rot bleiben können?

Laßt uns darum gemeinsam folgende Überlegungen anstellen:

1. Wir sind das Volk! Wir sind herausgetreten aus der Letargie, in die uns ein sozialistisches System eingelullt hat. Wir haben unsere Angst ein für allemal überwunden. Bangemachen gilt nicht!

2. Die Kräfte, die öffentlich oder geheim wirken, werden den Schaden, den sie anderen zufügen möchten, an sich selbst zu spüren bekommen. Wir vertrauen auf ein gesundes Gerechtigkeitsempfinden breiter Volksmassen.

3. Zur sozialen Sicherheit:
Ich muß zugeben, daß durch vielerlei Handlungsweisen die Bürger sich selbst untereinander verunsichern. Eine gewisse Enttäuschung möchte ich nicht verleugnen, wenn man durch vielerlei Hinweise und Gespräche den Eindruck gewinnt, es geht den Leuten nur um eins – um möglichst schnell und an viel Westgeld heranzukommen. Jeder, der diesbezüglich unlautere Handlungen tätigt, macht sich letzten Endes an diesem Zustand der Verunsicherung, der Angst mitschuldig. Er hat letzten Endes nichts von dem begriffen, was das Ziel der Revolution war, denn er sucht nur seinen ganz persönlichen Vorteil und vergißt die in der Revolution so gut bewährte Solidarität mit allen Menschen, die ihrer Heimat die Treue gehalten haben.

Ist denn die Westmark mehr wert als unsere langersehnte, gemeinsame Freiheit?

Trotzdem möchte ich zur sozialen Unsicherheit zwei Dinge herausgreifen:

1. Ein scheinbar beliebtes Thema für die kommende soziale Unsicherheit sind die Kinderkrippen.
Ich möchte doch einmal zu bedenken geben, ist es eigentlich sozial,
- wenn ein Staat solche Bedingungen schafft, in der die Frauen ökonomisch gezwungen sind, nicht nur mitzuarbeiten, sondern vom »Recht« der Vollbeschäftigung Gebrauch machen müssen?,
- wenn sie ihre Kleinstkinder in aller Herrgottsfrühe bei Wind und Wetter in die Krippe schleifen, und abends nach der Schicht und nach dem meist anstrengenden und unbefriedigten Einkauf für die heranwachsende Generation nur noch wenig Kraft haben?

Ein Staat, in dem die Familie als Keimzelle der Gesellschaft so behandelt wird, muß früher oder später scheitern.

2. Die alten Menschen im Sozialismus!
Ich erinnere nur an die Bilder, die in den letzten Monaten über den Bildschirm liefen.
Abgesehen von der Höhe der Renten...

Ist das der Lohn dafür, daß diese Menschen z.T. mit bloßen Händen die Trümmer des Krieges weggeräumt haben?

Ist das der Lohn für die praktischen Erbauer des Sozialismus?

Haben diese Menschen noch etwas zu verlieren – außer ihr Leben?

Und alle waren ja so wohlgeborgen in der Zukunftssonne Sozialismus!

Ja, wer angesichts solcher Tatsachen des real existierenden Sozialismus noch vom Verlust sozialer Sicherheiten bei der Vereinigung unseres Vaterlandes spricht, der kann bisher nur auf der Sonnenseite des Lebens mit relativ wenigem gelebt und alle Vorzüge des Sozialismus genossen haben, die dem Volk jedoch vorenthalten wurden.

3. Erst rotes – jetzt schwarzes Eichsfeld.

Ich glaube, es wäre müßig, die Situation des Eichsfeldes unter der roten Herrschaft hier noch einmal umfassend aufzuzeigen. Jeder von uns hat in den zurückliegenden Jahren seine ganz persönlichen Erfahrungen mit diesem System machen dürfen.

Ich möchte nur an die bestehende »Chancengleichheit« in vieler Beziehung erinnern.

Ich möchte weiterhin an das Freund-Feind-Bild erinnern, nach dem wir und unsere Kinder intensiv erzogen wurden.

Um so mehr möchte ich etwas um Verständnis werben, damit die, die nicht als Eichsfelder geboren wurden, die auch keine Christen sind und sich neuerdings vielleicht ausgegrenzt fühlen, damit diese unsere Mitmenschen nicht in Angst und Schrecken leben müssen.

Als Christen sind wir ebenso mitschuldig an dem, was uns 40 Jahre lang bedrückt hat.

Christen sind auch nur Menschen.

Aber: Christen sind ihrem Glauben verpflichtet, d.h. sie mühen sich, ihr Leben aus dem Glauben zu gestalten. Wesentliche Grundregeln des christlichen Glaubens sind:

Liebe deinen Nächsten wie dich selbst
Liebet eure Feinde
Tut Gutes denen, die euch hassen
Betet für die, die euch verfolgen

Dort, wo ein Christ in diesen Punkten versagt, wird er in irgendeiner Weise am Nächsten schuldig.
Der Christ betet: ...vergib uns unsere Schuld, wie auch wir unseren Schuldnern vergeben wollen...

Dieses Mühen hat den christlichen Menschen im Laufe der Jahrhunderte hier im Eichsfeld geprägt, hat ihn gewissermaßen mit dem Landstrich, mit seiner Scholle verbunden. Nicht zuletzt wurzelt in seiner christlichen Einstellung auch die sprichwörtliche Frohnatur und Gastfreundschaft.

Ich möchte allen Zugewanderten, allen Nichtchristen sagen: Fürchtet euch nicht!

Habt Vertrauen zu den Menschen, mit denen ihr seit Jahren zusammenlebt!

Der Wunsch nach Gerechtigkeit lebt in jedem Menschenherzen. Wer sich nichts zuschulden kommen ließ, der hat auch nichts zu befürchten.

Außerdem gelten für Christen die Worte:

Richtet nicht, damit ihr nicht gerichtet werdet.
Vergeltet nicht Böses mit Bösem.

Ich möchte meine Ausführungen schließen mit einem kleinen Vers, der das Gesagte noch einmal kurz zusammenfassen soll:

Wir sind ein Volk, das bisher nur im tiefen Dunkel lag.
Nun steh'n wir auf, ganz ohne Angst, denn es wird für uns Tag.
Wir sprengen unsere Ketten ab, wie Marx es selbst gesagt.
Wir sind das Volk - nicht nur Proletariat!
Nie wieder *die*, nie wieder *die*!
Der Sozialismus, der war doch nur für sie!

Wir wollen sein ein einig Volk, so hat Schiller es gesagt.
Wir wollen frei sein, wie die Väter, heut und jeden Tag.
Wir wollen trauen auf den Gott, der unser Land beschützt,
mißachten nicht das Menschenrechtsgesetz.
Einigkeit und Recht und Freiheit,
das wünschen wir, dem ganzen deutschen Volk!

März 1990

In den Eichsfeldzentren Dingelstädt, Worbis, Leinefelde und Heiligenstadt wurden in den Monaten Oktober bis März regelmäßig wöchentlich Demonstrationen und Gesprächskreise organisiert. Fast immer gingen Friedensgebete oder auch die Feier der Eucharistie voraus. So war in jedem Falle der friedliche Verlauf aller Veranstaltungen im Eichsfeld nahezu vorprogrammiert. Ein Eingreifen der »Ordnungshüter«, Zuführungen oder gar Verhaftungen wie auch Sachbeschädigungen am Rande oder nach den Veranstaltungen gab es nicht. Bis zur Einsetzung der erstmals durch freie Wahlen nominierten Volksvertreter gab es in vielen Orten des Eichsfeldes den »Runden Tisch«. Hier wurden, in oft kontroversen Auseinandersetzungen mit den alten Machtstrukturen, die Grundlagen für eine echte Demokratie an der Basis geschaffen.

Trotz des manchmal laienhaften Umganges mit demokratischen Gepflogenheiten und des teilweise gesetzlosen Zustandes, nahmen die revolutionären Ereignisse auf dem Eichsfeld einen nahezu stürmischen Verlauf. Gegenüber anderen Gebieten der DDR kam es im Eichsfeld sehr schnell zur Ablösung der Kader, die im Interesse der SED die Macht in diesem Gebiet ausübten. Dr. Werner Henning und Peter Flechs genossen als neue Landräte schnell das Vertrauen der Bevölkerung. So zeigte sich durch den vom Volk wieder eingeführten Begriff des Landrates der feste Wille zum endgültigen Bruch mit allem, was an das alte sozialistische System erinnerte.

Parallel dazu verlief die eigentliche Entmachtung der SED. Ultimative Aufforderungen bewirkten die Auflösung der Betriebsparteiorganisationen in den wichtigsten Betrieben und den Rücktritt der SED-Kreisleitungen. Mit der Selbstumbenennung der SED in PDS gab es keinen Hinderungsgrund mehr, die Rückgabe der durch die SED benutzten Gebäude zu fordern und durchzusetzen.

Unmittelbar nach dem erzwungenen Amtswechsel in Heiligenstadt und Worbis (in Worbis geschah das unter massivem äußeren Druck der Bevölkerung während der Kreistagssitzung) wurden weitere wichtige personelle Veränderungen in der Kreisverwaltung durchgesetzt. Den harten Anschuldigungen während der Kundgebungen, wie auch den in den Arbeitskreisen erzielten und veröffentlichten Ergebnissen mußten sich letzten Endes auch diejenigen dem Willen des Volkes beugen, die es absolut nicht begreifen wollten.

So wurden der bisherige Kreisarzt, Kreisschulrat, Sekretär des Vorsitzenden und Leiter der Abteilung Inneres kurzfristig abgesetzt. Auch hier war bezeichnend, daß schon Monate vor der Wahl die neuen Kandidaten des Volkes ein uneingeschränktes Vertrauen genossen. Dies wurde später durch das Wahlergebnis bestätigt.

Was sich in den Kreisräten und den Eichsfelder Städten veränderte, setzte sich mit gleicher Intensität auch in den dörflichen Gemeinden durch. Allerdings geschah es hier durchgreifend nach den Kommunalwahlen im Mai.

Donnerstag, 15. 3. 90 Heiligenstadt

Rechte Seite: Vertreter der DI pflanzen den zweiten Baum, einen Weißdorn, als Baum der Hoffnung vor dem Gebäude, in dem das Gericht untergebracht ist.

»Industriefeste« Bäume für den Boulevard

Bürgermeister Beck und sein Amtskollege aus Wiedenbrück pflanzten ersten Baum

Heiligenstadt (TT). Noch wird es dauern, bis belebendes Baumgrün den Boulevard in Heiligenstadt ziert, man unter schattenspendenden Linden auf Ruhebänken in der Hauptgeschäftsstraße Platz nehmen kann. Der Anfang jedoch ist getan. Bei zünftiger Blasmusik und herrlichem Wetter wurden am Donnerstagnachmittag zwischen dem »Haus des Kindes« und der Filmbühne die zehn für diesen Bereich vorgesehenen Bäume gepflanzt. Vier Linden, zwei Vogelbeerbäume, zwei Weißdorn und zwei Baumharde. Und es sind nicht irgendwelche Bäume, sondern »industriefeste«, gestiftet vom Fachbereich Landschafts- und Gartenbau der Universität Hannover. Das Engagement von Wolfgang Huhn aus Hannover, Stadtrat Hans-Walter Hebel (CDU) aus Witzenhausen und auch der Einsatz von Bürgermeister Beck machten es möglich. Deshalb galt der besondere Dank des Bürgermeisters unter dem Beifall der vielen Schaulustigen auch den Herren Huhn und Hebel, die es sich zur Ehre anrechneten, einen Baum selbst pflanzen zu dürfen. Dabei sagte Stadtrat Hebel: »Wir möchten einen Baum der Freundschaft pflanzen, der Freundschaft zwischen Heiligenstadt und Witzenhausen«. Den Anfang der »Baumpflanzaktion« hatten Bürgermeister Beck und sein Amtskollege Helmut Feldmann aus der Stadt Rheda-Wiedenbrück gemacht. Letzterer war gerade mit einer Hilfssendung aus Rheda-Wiedenbrück nach Heiligenstadt gekommen. Hans-Gerd Adler und Helmut Rosenthal von der Demokratischen Initiative, Superintendent Lange sowie die Herren Schade und Poppe aus Heiligenstadt waren auch in die »offizielle Pflanzaktion« einbezogen. Eigens für diese auch symbolische Baumpflanzaktion hatte Hans-Gerd Adler ein Gedicht geschrieben – für jeden Baum einen Vers.

aus: Thüringer Tageblatt, 17./18. 3. 90

Mit Musik und unter Teilnahme einer Vielzahl von Bürgern bekam jeder gepflanzte Baum seinen Namen, wozu eigens einige Verse geschrieben wurden. Diese Bäume sollen nicht nur zur Verschönerung der Stadt beitragen, sondern sie sollen die Menschen, die an ihnen vorübergehen, stets mahnende Erinnerung sein.

Wir pflanzen einen Baum

Wir pflanzen einen Baum.
Dieser Baum, der soll euch sagen:
Ihr sollt das Licht des Glaubens
wohl in die Zukunft tragen.
Der Glaube, dem eure Väter
Jahrhunderte blieben treu,
erblühe bei den Kindern
des Eichsfelds stets aufs neu.

Wir pflanzen einen Baum.
Dieser Baum, der soll euch sagen:
Ihr sollt das Licht der Hoffnung
wohl in die Zukunft tragen.
Die Hoffnung, die uns keimte
schon lange vor der Wende.
Die Hoffnung, die uns einte,
sie führt zum guten Ende.

Wir pflanzen einen Baum.
Dieser Baum, der soll euch sagen:
Ihr sollt das Licht der Liebe
wohl in die Zukunft tragen.
Wenn das Schicksal auch euch schlägt,
wenn die Stürme hart euch beugen,
die Liebe ist 's, die trägt,
sie trägt all eure Leiden.

Wir pflanzen einen Baum.
Dieser Baum, der soll euch sagen:
Ihr sollt das Licht des Friedens
wohl in die Zukunft tragen.
Der Friede wird euch nicht geschenkt -
er muß errungen werden.
Auf ihn all euer Trachten lenkt,
daß er gewahrt auf unsrer Erden.

Wir pflanzen einen Baum.
Dieser Baum, der soll euch sagen:
Ihr sollt das Licht der Einheit
wohl in die Zukunft tragen.
Die Einheit sei euch Unterpfand

bei allem euren Streben.
Für ein geeintes Vaterland
sollt ihr inbrünstig streben.

Wir pflanzen einen Baum.
Dieser Baum, der soll euch sagen:
Ihr sollt das Licht der Freiheit
wohl in die Zukunft tragen.
Freiheit- ein unschätzbares Glück
der Menschheit hier auf Erden.
Dies Menschenrecht darf nicht ein Stück
je wieder geschändet werden.

Wir pflanzen einen Baum.
Dieser Baum, der soll euch sagen:
Ihr sollt das Licht der Gerechtigkeit
wohl in die Zukunft tragen.
Urteilt nie, ehe ihr bedacht,
was ihr sollt von dem Menschen halten.
Welch Unrecht er auch angebracht,
laßt auch Barmherzigkeit mit walten.

Wir pflanzen einen Baum.
Dieser Baum, der soll euch sagen:
Ihr sollt das Licht der Fröhlichkeit
wohl in die Zukunft tragen.
Der Frohsinn ist des Lebens Pfeffer,
er sei euch stets Begleiter.
Das Leben lebt sich einfach besser,
wenn ihr seid öfter heiter.

Wir pflanzen einen Baum.
Dieser Baum, der soll euch sagen:
Ihr sollt das Licht der Verantwortung
wohl in die Zukunft tragen.
Macht euch die Erde untertan,
doch beutet sie nicht aus.
Was ihr der Erde heut' antut,
eure Kinder baden's aus.

Wir pflanzen einen Baum.
Dieser Baum, der soll euch sagen:
Ihr sollt das Licht des Lebens
wohl in die Zukunft tragen.

Beherzt in Zukunft diese Verse,
sie sind nicht Bilder eines Traumes.
Haltet inne und verweilet gerne
im Schatten dieses lebendigen Baumes.

Gehannes vum Lipsbaerge

Sonnabend, 17. 3. 90 Hülfensberg

Hülfensberg: Gedenktafel enthüllt

Pilger sollen für Opfer beten

Hülfensberg (k). Fast 2000 Menschen aus Thüringen, Hessen, Südniedersachsen und Ostwestfalen strömten am Samstag abend zur Wallfahrtsstätte Hülfensberg bei Geismar im Südeichsfeld, um unweit der Grenze bei frühsommerlichem Wetter der Enthüllung einer Gedenktafel unterhalb des Eichsfelder Kreuzes beizuwohnen. Damit werden die Pilger aus Ost und West aufgefordert, für die Opfer der faschistischen und stalinistischen Diktatur zu beten. »Herr, laß ihre Leiden unserem Land zum Segen werden«, heißt es auf der Platte, die kurz nach 18 Uhr vom Bischöflichen Kommissarius des Eichsfeldes Propst Paul-Julius Kockelmann (Heiligenstadt) enthüllt wurde.

Zahlreiche kirchliche Würdenträger wohnten dem Ereignis bei. Der Eichsfelder Verein Werratal war durch seinen Vorsitzenden Albert Kohl repräsentiert. Es war die größte Veranstaltung, die der Hülfensberg seit der Öffnung der Grenzen gesehen hat.

Pater Erwin, seit kurzem wegen des Besucheransturms nicht mehr allein auf dem Hülfensberg tätig, erinnerte an den Bekennerbischof Konrad Martin, der aus Geismar stammt und dem 1933 das Eichsfelder Kreuz gewidmet wurde. Er habe sich vorbildlich für Recht und Freiheit eingesetzt. 30 000 Männer seien auf dem Höhepunkt des Kulturkampfes 1875 auf den Hülfensberg geströmt, um den Paderborner Erzbischof zu unterstützen.

Wichtiger Tag

Propst Kockelmann sagte, man habe das Datum für die Enthüllung am Vorabend der ersten freien Wahl in der DDR bewußt gewählt. Der 18. März 1990 – mit diesem Datum ist auch der Gedenkstein gekennzeichnet – habe eine herausragende

Während der Feier auf dem Hülfensberg

Propst Kockelmann enthüllt die Gedenktafel

Bedeutung für unser Vaterland. Kockelmann bezeichnete als unverständlich, daß angeblich 25 Prozent der Wähler in der DDR noch unentschlossen seien: Nach der friedlichen Revolution seien politische Vernunft und politischer Verstand nötig. Empörend sei es, daß jene, die die Krise in der DDR verursacht hätten, heute Angst und Unsicherheit schüren wollten.

Der Propst erwartet, daß das Land schnell zur Blüte kommen werde: »Die Zeiten können noch so rosig sein – das Kreuz wird uns begleiten.« Durch Freiheit allein sei noch kein Volk frommer geworden.

Beitrag geleistet
Kockelmann würdigte den Beitrag der Katholiken in der DDR beim Ingangsetzen des Reformprozesses: Es gebe keine Bevölkerungsgruppe, die so beharrlich gegen das frühere Regime agiert habe wie die katholische Kirche in der DDR. Diese Rolle werde oft unterschätzt.

Sperrgebiet aufgehoben
Die Öffnung der Grenze sei das eine herausragende Ereignis im November 1989 gewesen – die Aufhebung des Sperrge-

Für die DDR ganz neu – Wahlkampf zur Volkskammerwahl

biets sei aber für all' jene, die von seinen Einschränkungen betroffen gewesen seien, genauso wichtig. Letztlich hätten diese auch für die Wallfahrtstätte Hülfensberg gegolten.

Der Feier auf dem Hülfensberg ging eine Prozession ab Geismar voraus.

aus: Hessisch-Niedersächsische Allgemeine, 19.3.90

Sonntag, 18.3.90 Volkskammerwahl

Wahlsonntag im Eichsfeld

Ein Kreuz vor dem Gottesdienst

Rustenfelde. Weil sie gläubig sind, gehen die ersten Wählerinnen und Wähler in Rustenfelde im Landkreis Heiligenstadt schon um sieben Uhr morgens in ihr Wahllokal im Gebäude des Ortsrates. »Das ist von früher noch so drin«, sagt ein Wahlhelfer.

Wie in den meisten Gemeinden des katholischen Obereichsfeldes haben viele Kirchgänger ihr Kreuz auf dem

CDU
VARIETÉ
Kinder brauchen
CDU
INVASION DER GANZ PRIVATEN
DDR
CDU
DSU
DEUTSCHE SOZIALE UNION
Deutschland braucht Einheit statt Sozialismus
deshalb am 18. März ja zur
DSU
DEUTSCHE SOZIALE UNION
Die Schwesterpartei der CSU/CDU der BRD
Wohlstand statt Sozialismus für das Thüringer Land
• Heimatverbunden •
• Sozial •
• Wirtschaftlich leistungsfähig •

Stimmzettel noch vor dem Gottesdienst gemacht. Und der beginnt um 7.30 Uhr. Doch die meisten der 362 Wahlberechtigten in dem kleinen Dorf im ehemaligen Sperrgebiet haben sich bei der ersten freien Wahl mehr Zeit gelassen. Die Ursache war weniger das schöne Wetter und auch nicht etwa Schwierigkeiten bei der Auswahl unter den 20 Parteien und Organisationen, die im Bezirk Erfurt kandidieren.

Der Grund ist ein anderer: »Unter dem SED-Regime«, so erzählt ein Besucher in der überfüllten Konsum-Kneipe gleich neben dem Wahllokal, »wurden wir an Wahltagen schon um sechs Uhr früh vom Dorffunk geweckt. Die haben uns mit Kampfliedern zur Wahl getrieben.« – »Und wenn jemand nicht bis 9 Uhr abgestimmt habe«, sagt der Nebenmann, »dann haben sie die fehlenden Wahlzettel einfach von zu Hause abgeholt.« – »Jetzt lassen sich die Bürger nicht mehr treiben«, meinte Rustenfeldes Wahlleiter Roland Michalke, als bis zum späten Vormittag erst knapp die Hälfte der Berechtigten ihre Stimme abgegeben.

In der Dorfkneipe nebenan herrscht um diese Zeit Hochbetrieb. »Hier ist sonntags immer was los«, sagt der Wirt. »Aber heute ist es besonders voll.« 60 bis 70 Männer sitzen beim Bier, spielen Karten oder würfeln. Stammtisch-Atmosphäre.

Die Wahl ist natürlich Thema Nummer eins, auch am Rentnertisch, wo sich die Älteren darüber amüsieren, daß sie jetzt ja eigentlich »Jungwähler« seien. »Was es früher an Abstimmungen gab«, sagt ein 70jähriger, »das waren doch keine Wahlen.« Seine Nachbarn nicken.

Mancher Biertrinker in der Rustenfelder Dorfkneipe wollte sich mit der Stimmabgabe bis zuletzt Zeit lassen. »Ich überlege mir noch, für wen ich stimme«, sagt ein Würfelspieler. Doch wer schon an der Urne war, erzählt auch bereitwillig, für wen er gestimmt hat. »Hier im Eichsfeld, da wählen wir CDU«, ist die typische Antwort. »Was denn sonst?« Und warum? »Weil die es am besten bringen.« Und was? »Die schnelle Währungsunion.«

Auch die Wahlplakate der Christdemokraten, die zur »Umkehr in die Zukunft« mahnen, sind in dieser Gegend, die gemeinsam mit dem bundesdeutschen Teil des Eichsfeldes rings um Duderstadt eine katholische Enklave in einem protestantischen Umfeld bildet, eindeutig in der Überzahl.

In Rohrberg, dem Nachbarort von Rustenfelde, der seit Samstag durch einen neuen Autoübergang mit Ischenrode im Landkreis Göttingen verbunden ist, hängen die ersten Plakate schon direkt am Metallgitterzaun. Hier würden sogar die Jugendlichen, die vormittags vor dem Wahllokal neugierig den Urnengang der Erwachsenen beäugen, die CDU wählen, »wegen der Christlichkeit und so und wegen dem Kohl.« Nur ein älteres Ehepaar, das den Journalisten zuvor mißtrauisch musterte und fragte, ob das jetzt »die neue Art von Stasi« sei, will über seine Entscheidung keine Auskunft geben. »Dieses«, sagt die Ehefrau, »sind schließlich erstmals freie und geheime Wahlen.«

Matthias Brunnert

aus: Hessisch-Niedersächsische Allgemeine, 19.3.90

Wahleuphorie statt Staatsverdruß

In den Obereichsfelder Kreisen nahmen fast alle Bürger ihr Wahlrecht in Anspruch

Eine kaum zu erwartende Wahleuphorie hat am Sonntag den Kreis Heiligenstadt gepackt. Was sonst allenfalls unter dem Zwang der SED möglich schien, ergab sich jetzt auch unter völlig anderen Vorzeichen. Dem Wahlvorstandsvorsitzenden

Die Wahlurnen für die ersten freien Wahlen werden versiegelt.

Zur Auszählung der Stimmen werden die Urnen geleert.

Auch das ist neu – per Computer werden die Wahlergebnisse für die Weitermeldung erfaßt.

Gerhard Jünemann war das fast schon wieder »peinlich«. Muß und darf es aber nicht. Eine Wahlbeteiligung von weit über 90 Prozent ist ein Lehrstück in Sachen Demokratie für die Bundesrepublik, in der man inzwischen auch mit nach dem heißesten Wahlkampf niemand mehr motivieren kann, schon eine Viertelstunde vor der Öffnung der Wahllokale vor der Tür zu stehen.

Kurz vor 20 Uhr, als allenfalls Trendergebnisse vorlagen, führte der in die Volkskammer gewählte CDU-Kandidat, Dr. Werner Henning, den unangefochtenen Sieg seiner Partei vor allem auf die von ihm ausgelöste Diskussion um den Beitritt des Eichsfelds zu Niedersachsen zurück. Henning glaubt nun, daß innerhalb des nächsten Vierteljahres »etwas Entscheidendes« in Richtung deutsche Einheit geschehen muß. Nach seinem Geschmack ist die Entwicklung noch viel zu langsam.

Die Wähler hatten sich ganz offensichtlich schon vor dem Urnengang endgültig entschieden. In Worbis, so ein Wahlvorstands-Vorsitzender, brauchte keiner länger als wenige Sekunden, um den umfangreichen Stimmzettel auszufüllen.

Das Abschneiden der CDU in Heiligenstadt, das das Gesamtresultat noch weit übertrifft, ist für den Vorsitzenden des Rates des Kreises und neugewählten Abgeordneten Henning eine »Bestätigung dessen, was wir vorangetrieben haben«. Das Rezept: Konkrete Antworten statt Polemik.

Michael Kothe/Rolf Zamponi

Ob in Böseckendorf, Worbis, Leinefelde oder Dingelstädt: Aus allen Wahllokalen kam die gleiche Kunde bereits am Abend: Wahlbeteiligung deutlich über 90 Prozent. Die Stimmung in den Städten und Dörfern des Kreises Worbis: Festlich sonntäglich, Wahl, Kirchenbesuch, Sonntagsspaziergang und Frühschoppen – für all das hatten sich die Bürger fein gemacht, genossen es in vielen Fällen, den ganzen schönen langen Tag Zeit zu haben, zum Wahllokal zu gehen und dann in der Kabine geheim das Kreuzchen da machen zu können, wo man es gerne wollte.

Der Wahlkampf – in den vergangenen Tagen nicht selten unter dem Rebrum Schlammschlacht segelnd – war deutlich abgeflaut, die Plakatierung hielt sich – zumindest nach bundesdeutschen Maßstäben – sehr im Rahmen. Zerrissen zeigten sich nicht selten die Plakate der Grünen und der PDS, das Gros der Plakate hatte offensichtlich die CDU gestellt.

Daß die CDU im Kreise Worbis den großen Sieg davontragen werde – nicht jeder mochte es glauben. Klaus Peter Grohall aus Leinefeld (selbst alter KP-Wähler und auch diesmal dabei geblieben) meint beim Frühschoppen im Eichsfelder Hof: »Die CDU, die wird wohl doch ein paar Federn lassen müssen.«

Ansonsten in den Wahllokalen in den Dörfern und Städten des Kreises Worbis: Der Ton ist vertraut, Mitglieder der Wahlvorstände führen schon einmal ältere Mitbürger zu den ungewohnten Wahlkabinen, ganze Familien treten vor den Wahllokalen an und in Silberhausen beispielsweise, da macht die örtliche Blaskapelle erst einmal stimmungsvolle Musike.

In einem Dorf Volksfeststimmung, im anderen sonntägliche Ruhe – allen aber ist es bewußt, daß dieser Tag, der sich auch noch mit »Kaiserwetter« präsentiert, der entscheidende Tag für die DDR ist. Nicht nur für die DDR sondern für das ganze neue Deutschland. *Sebastian Rübbert*

aus: Eichsfelder Tageblatt, 19.3.90

Grandioser Sieg für CDU Eichsfeld

Im Kreis Heiligenstadt 74,7 und im Kreis Worbis 72,99 Prozent für Christlich-Demokratische Union Deutschlands

Heiligenstadt/Worbis (TT). Bei den ersten freien und geheimen Wahlen in der (noch) DDR entschied sich die übergroße Mehrheit der Eichsfelder für die CDU. Im Kreis Worbis stimmten 72,99 Prozent und im Kreis Heiligenstadt 74,7 Prozent (!) der Wähler für die CDU. In ersten Stellungnahmen am Sonntagabend bei der Wahlparty des Göttinger Tageblatts im Eichsfelder Kulturhaus, wo sich Hunderte Bürger versammelt hatten, um dieses hervorragende Wahlergebnis zu feiern, sprachen die Kandidaten der CDU Eichsfeld für die Volkskammer von einem grandiosen Wahlsieg der CDU.

Kreisratsvorsitzender Dr. Werner Henning, einer der Spitzenkandidaten der CDU in Thüringen, meinte dem THÜRINGER TAGEBLATT gegenüber: »Die Eichsfelder haben eine gute Wahl getroffen. Das Wahlergebnis ist eine deutliche Absage an jedwede Sozialismusexperimente. Ich bin kein euphorischer Typ, aber was wir hier im Eichsfeld als CDU erzielten, gibt Grund zur Euphorie, Auftrag aber vor allem, jetzt schnell auf das hinzuarbeiten, was wir alle wollen: Währungsunion, rasche Vereinigung der beiden deutschen Staaten.« Auf die Frage, wie lange er wohl Volkskammerabgeordneter sein werde, antwortete er: »Hoffentlich nicht lange. Für mich ist die Wiedervereinigung eine Sache, die ganz schnell kommen muß.« Überglücklich auch Willi Böck aus Bernterode, dem als einer der ersten sein »Wahlkampfmanager« Müllermeister Strozynski aus Dingelstädt zur Wahl gratulierte. Sein kurzes Statement: »Gott sei dank. Wir haben es geschafft.« – »Unsere Wähler im Eichsfeld«, so Rolf Berend aus Gernrode, »haben traditionsbewußt konservativ und zugleich zukunftszugewandt gewählt. Unser Wahlkampf hat sich gelohnt.« Alle drei Hoffnungsträger der CDU Eichsfeld sprachen den Mitstreitern und Wählern der CDU für ihren Einsatz und ihre Entscheidung den Dank aus.

Da die amtlichen Wahlergebnisse bei Redaktionsschluß dieser Lokalseite noch nicht vorlagen, können wir nur einige ausgewählte Ergebnisse (inoffizielle) veröffentlichen. Wie Hans-Gerd Adler von der Demokratischen Initiative mitteilte, sieht das Ergebnis für die Kreisstadt Heiligenstadt wie folgt aus: 11131 abgegebene Stimmen (95 Prozent Wahlbeteiligung). Es entfielen auf die CDU 64,2 Prozent, SPD 16,1 Prozent, PDS 11,3 Prozent und die Liberalen 3,7 Prozent. Die Gemeinde Bernterode (Kreis Heiligenstadt) wählte: 89,49 Prozent CDU, 4,56 Prozent SPD, 2,28 Prozent DA. Für den Kreis Worbis stellt sich das vorläufige Ergebnis so dar: CDU 72,99 Prozent, SPD 12,19 Prozent, PDS 4,84 Prozent, DSU 1,05 Prozent, DA 1,6 Prozent, Bund Freier Demokraten 3,46 Prozent, Bündnis 90 1,0 Prozent. Stadt Worbis: CDU 62,57/SPD 14,04/PDS 10,58/DSU 1,26/DA 3,62/DBD 1,1/Bund Freier Demokraten 3,14 Prozent.Das beste Ergebnis hatte die CDU im Kreis Worbis in der Gemeinde Brehme mit 95,68 Prozent der Stimmen.

Die Wahl auf einen Blick *(Vorläufiges Gesamtergebnis)*

	Stimmen	Prozent	Mandate
Wahlberechtigte	12377372		
Abgegebene Stimmen	11538313		
Wahlbeteiligung		93,22	
Gültige Stimmen	11475353	99,45	
Ungültige Stimmen	62960	0,55	
1 Aktionsbündnis Vereinigte Linke (AVL) Die Nelken – VL	20180	0,18	1
2 Alternative Jugendliste (AJL) DJP – GJ – MJV – FDJ	14573	0,13	1
3 »Bündnis 90« (NEUES FORUM – DEMOKRATIE JETZT – IFM)	333005	2,90	12
4 Bund Freier Demokraten DFP – LDP – F.D.P. Die Liberalen	606283	5,28	21
5 Bund Sozialistischer Arbeiter (BSA) Deutsche Sektion der 4. Internationale	374	0,00	0
6 Christlich-Demokratische Union Deutschlands (CDU)	4694636	40,91	164
7 CHRISTLICHE LIGA	10699	0,09	0
8 Demokratische Bauernpartei Deutschlands (DBD)	250943	2,19	9

		Stimmen	Prozent	Mandate
9	»Demokratischer Aufbruch – sozial + ökologisch« (DA)	105 251	0,92	4
10	Demokratischer Frauenbund Deutschlands (DFD)	38 088	0,33	1
11	Deutsche Biertrinker Union (DBU)	2 534	0,02	0
12	Deutsche Soziale Union (DSU)	724 760	6,32	25
13	»Einheit jetzt«	2 356	0,02	0
14	Europäische Föderalistische Partei Europa Partei (EFP)	3 690	0,03	0
15	Europa-Union der DDR	0	0	0
16	»Grüne Partei + Unabhängiger Frauenverband« Grüne Partei – UFV	225 234	1,96	8
17	Kommunistische Partei Deutschlands (KPD)	8 836	0,08	0
18	National-Demokratische Partei Deutschlands (NDPD)	44 435	0,39	2
19	Partei des Demokratischen Sozialismus (PDS)	1 873 666	16,33	65
20	Sozialdemokratische Partei Deutschlands (SPD)	2 506 151	21,84	87
21	Spartakist-Arbeiterpartei Deutschlands (SpAD)	2 396	0,02	0
22	Unabhängige Sozialdemokratische Partei Deutschlands (USPD)	3 891	0,03	0
23	Unabhängige Volkspartei (UVP)	2 999	0,03	0
24	Vereinigung der Arbeitskreise für Arbeitnehmerpolitik und Demokratie (VAA)	373	0,00	0

aus: Thüringer Tageblatt, 20.3.90

Henning und Beck in den Startlöchern

Von Werner Keller

Heiligenstadt. Nach dem überragenden Abschneiden der CDU bei der Volkskammerwahl im Obereichsfeld (die Union erzielte im Kreis Heiligenstadt mit 74,7 Prozent ihr bestes Ergebnis in der DDR) sehen der Vorsitzende des Rates des Kreises, Dr. Werner Henning, und der Heiligenstädter Bürgermeister Bernd Beck ihre Arbeit bestätigt. Die beiden CDU-Politiker hatten ihre Ämter im Dezember als Ergebnis der Wende übernommen. Dr. Henning zieht als Abgeordneter in die Volkskammer ein. Beide, Henning und Beck, stehen nun als Spitzenkandidaten für die Kommunalwahl in den Startlöchern. Sie bekundeten in der Wahlnacht, ihre Spitzenämter weiter führen zu wollen.

»Insgesamt gesehen überrascht micht das Wahlergebnis«, sagte Ratsvorsitzender Dr. Henning. Man habe sich doch sehr von Prognosen leiten lassen, die die SPD favorisiert hätten: »Es freut mich, daß insgesamt eine ähnliche Sichtweise da ist wie auf dem Eichsfeld und wie wir sie seit Wochen versuchen, in eine konkrete Politik umzusetzen.«

Besonders freue er sich über das Abschneiden der CDU auf dem Eichsfeld: »Ich glaube, daß wir auf dem Eichsfeld über 70 Prozent liegen werden.« Man tue hier das, was in der gesamten DDR angestrebt werde: »Ich betrachte es als eine Bestätigung, daß dieser Kurs insgesamt im Sinne der Bevölkerung ist.«

Henning erklärte weiter, daß er seine Funktionen als Ratsvorsitzender und Volkskammerabgeordneter gleichzeitig wahrnehmen wolle. Dies sei rechtlich möglich. »Ich hoffe, daß ich beide Ämter ausfüllen kann, benötige natürlich einen starken Stellvertreter, um beides koordinieren zu können«, betonte der Neu-Parlamentarier.

Wird er als Kanditat für den Ratsvorsitz erneut zur Verfügung stehen? Henning: »Zur Zeit möchte ich dieses tun. Ich gehe nicht von einer anderen Version aus. Ich muß natürlich abwarten, was in Berlin auf mich zukommt. Ich stand immerhin auf Platz 2 der Bezirksliste.« In erster Linie möchte der CDU-Politiker aber seiner Verantwortung im Kreis gerecht werden. Henning sieht nun neue Möglichkeiten, das Eichsfeld auf breiter Ebene zu vertreten.

»Das Ergebnis ist überwältigend«, war die erste Reaktion von Bürgermeister Beck. »Man hatte die CDU vor einigen

Monaten noch mit zwei, sieben und 15 Prozent taxiert. Jetzt ist die Allianz bei 46 Prozent, das ist unfaßbar. Einer unserer schönsten Augenblicke«, sagte das Stadtoberhaupt.

Den Ausschlag für das gute Abschneiden der CDU hätten klare Linie und klare Aussagen gegeben. Man dürfe auch nicht die Hilfe aus der Bundesrepublik vergessen. Gerade Helmut Kohl habe schon vor Jahren immer auf die Einheit Deutschlands gesetzt. Die CDU sei in dieser Frage immer hart geblieben, andere Parteien nicht.

Das PDS-Ergebnis (14 Prozent) ist Beck immer noch zu hoch, aber noch vertretbar. Wenn man als CDU das Vertrauen der Wähler rechtfertige, werde die PDS vielleicht schon bei der Kommunalwahl noch weniger Prozente bekommen. Den Grünen hätte Beck nicht mehr zugetraut – schließlich hätten auch die anderen Parteien Aussagen zu Umweltproblemen gemacht.

Was bedeutet das Wahlergebnis für Beck persönlich? »Es sichert meine Position ab, aber es bringt auch eine große Verantwortung.« Die zu erwartende Kommunalwahl habe ein anderes Gesicht wie eine Volkskammerwahl. Beck steht als Spitzenkandidat für die Gemeindewahl zur Verfügung.

Es sei die konsequente Folge seiner Arbeit seit November. Derzeit stehe die Dauer seiner Amtszeit nicht fest. Es gebe zwar ein Kommunalwahlgesetz, aber kein Bürgermeisterwahlgesetz: »Es ist offen, ob ein Bürgermeister in der DDR künftig in Urwahl oder in indirekter Wahl bestimmt werden wird.«

aus: Hessisch-Niedersächsische Allgemeine, 20. 3. 90

Die Ergebnisse der freien Wahlen im Vergleich

*1. Die Reichstagswahlen am 5. März 1933**

im Eichsfeld		*in der Umgebung*	
Zentrum	= 60,93%	Zentrum	= 3,03%
SPD	= 8,60%	SPD	= 26,34%
KPD	= 4,40%	KPD	= 12,06%
NSDAP	= 26,20%	NSDAP	= 58,28%

*2. Die Wahlen am 8. September 1946**

im Eichsfeld		*in Heiligenstadt*	
CDU	= 63,7%	CDU	= 71,0%
SED	= 26,7%	SED	= 22,5%
LDPD	= 1,8%	LDPD	= 5,4%
Frauenliste	= 2,3%	Frauenliste	= 1,5%

3. Die Volkskammerwahlen am 18. März 1990 in der DDR

CDU	= 40,9%
SPD	= 21,8%
PDS	= 16,3%
FDP	= 5,2%

im Kreis Heiligenstadt		*im Kreis Worbis*	
CDU	= 74,7%	CDU	= 73,0%
SPD	= 11,7%	SPD	= 12,2%
PDS	= 6,2%	PDS	= 4,8%
FDP	= 2,7%	FDP	= 3,5%

* Angaben nach Heinz Siebert, Das Eichsfeld unterm Hakenkreuz, Eigenverlag 1982

Rundbrief von Karl Walter Strozynski, Riethmühle

Dienstag, 20. 3. 90 Dingelstädt

Liebe Eichsfelder, meine Freunde!

In diesen Tagen nach dem 18. März, dem Schicksalstag der Nation, werde auch ich mit Glückwünschen eingedeckt, und ich gebe es zu, es freut mich riesig. Es tut, glaube ich, allen gut, die mit soviel Inbrunst auf diesen Tag hingearbeitet haben, mit solch einem Wahlergebnis beschenkt zu werden. Ich – habe mich eigentlich zu bedanken, weil ich das noch erleben durfte. Den Aufbruch im Oktober, die Bittgottesdienste und die Montagsdemos mit Tausenden und dann Abertausenden Eichsfeldern in Heiligenstadt, Dingelstädt und vielen anderen Orten, die große Eichsfelddemo in Gerblingerode »Für's Hierbleiben«. »Wir sind das Volk!« Ihr – habt durch Eure aktive

Die Bürgermeister der Eichsfelder Kreisstädte Bauer - Worbis, Beck - Heiligenstadt und Koch - Duderstadt, am 24.3.90 bei der NDR-Sendung Aktuelle Schaubude in Heiligenstadt.

Teilhabe und das entschiedene Eintreten für Frieden, Freiheit und die Einheit der Nation das Tempo der Entwicklung bestimmt und die »Wende« bewirkt.

Ich begegnete wunderbaren jungen, mutigen Streitern in Heiligenstadt: den Freunden Adler, Ertmer, Riethmüller, den Gebrüdern Beck und nicht zuletzt unseren Werner Henning, in Dingelstädt und hier im Kreis Worbis den Freunden aus dem »Christlichen Zentrum« Fr. Kaufhold, Hannes Schuchhard und den Mitstreitern von der CDU, an der Spitze Peter Flechs, Willi Böck und R. Behrend, für die wir letztendlich angetreten sind. Die tapfere Maria Wachtel und mein Freund Bruno Fiedler aus Silberhausen, die jungen aktiven CDU-Mannschaften aus Leinefelde, Küllstedt, Büttstedt, ach, wenn ich Euch doch nur alle hier aufzählen könnte.

Doch das tollste waren doch die Menschen, - unsere Eichsfelder! Verzeiht mir, daß ich manchmal unsicher war und an Eurem Stehvermögen gezweifelt habe.

Am Abend des 13. März, als wir in der Leinefelder Stadthalle mit über 5000 Eichsfeldern auf Rita Süssmuth warteten und sie uns mit einer eindringlichen und mitreißenden Ansprache begeisterte, uns auf unsere große Verantwortung am

Wahltag hinwies, da spürte ich, meine Freunde, daß wir es mit diesen Menschen hier schaffen könnten.

Und dann dieser sonnenüberflutete Wahltag. Nichts hielt mich mehr zu Hause, ich wollte unter meinen Freunden sein, wir standen zu Hunderten im Foyer des Kulturhauses in Heiligenstadt vor dem Bildschirm, nervös, erregt, gebannt und dann brach es auf. Wir lachten und weinten und konnten es kaum fassen. Gott sei Dank, wir haben es geschafft!!! Halleluja –! steht in meinem Tagebuch.

Und sie kamen alle: die Freunde Böck und Behrend aus Worbis, Dr. Noack an der Spitze der Göttinger, die wunderbare treue Freundin Renate Ewers mit den Duderstädtern und viele, viele, die es nicht mehr am Bildschirm gehalten hat. Sie wollten einfach alle dabei sein, jetzt, heute, hier.

Meine lieben Eichsfelder, meine Freunde, welch ein Tag –! Ich fühle mich so reich beschenkt. –
Ich danke Euch allen. *Danke!*

Mit heißem Herzen laßt uns nun aufbrechen in eine neue Zeit!

Mittwoch, 28. 3. 90 Heiligenstadt

Wir hatten das Glück, eine Mitstreiterin des amerikanischen Bürgerrechtlers Dr. Martin Luther-King kennenzulernen. Auf einer Deutschlandtournee weilte Frau Amalia Robinson auf Einladung der Demokratischen Initiative in Heiligenstadt. Die Zuhörer erlebten eine durch lange Jahre im harten Kampf gestählte, aufrechte und strahlende Persönlichkeit. Wer in die Augen dieser 80jährigen Dame schauen konnte, der wurde im Inneren davon überzeugt, daß nur Gewaltlosigkeit und Liebe in der Lage sind, das Böse auf der Welt zu vertreiben.

Frau Robinson verglich die Ereignisse in unserem Lande mit der aufgehenden Sonne. Bei der Erinnerung an diesen Tag wird mancher noch im nachhinein diesen Ausspruch als treffend empfinden.

Zum Abschied erhielt Frau Robinson ein symbolhaftes Geschenk: Ein Kreuz, welches auf einem Stück der Berliner Mauer errichtet und an welchem ein Kranz aus Stacheldraht vom Grenzzaun bei Hohengandern geheftet war.

Anfang April 1990 – Heiligenstadt. Im Stadtwald, Nähe Forsthaus, wird ein Bunker entdeckt. Wer hat ihn angelegt, wozu sollte er dienen?

Palmsonntag, 8. 4. 90, in Heiligenstadt – seit 1933 die erste große Prozession in Freiheit.

Mittwoch,
2.5.90
Heiligenstadt

Hans-Gerd Adler, Manuskript zur Wahlveranstaltung in Gerblingerode

Liebe Eichsfelder, liebe Freunde der friedlichen Revolution!
Als Vertreter der Demokratischen Initiative Heiligenstadt möchte ich die Gelegenheit nutzen, zu einem Thema zu sprechen, welches vielen von uns auf der Seele brennt.

Die Wogen der Stimmungs- und Angstmache im Zusammenhang mit der Währungsunion sind unter dem einfachen Volk sehr hoch geschlagen. Den uns allen bekannten Kräften ist es gelungen, viele von uns vom eigentlichen Ziel unserer Revolution abzulenken, was da lautete:

Freiheit - die Fesseln der Diktatur der Partei zu sprengen
Einheit - für die Einheit unseres deutschen Vaterlandes einzutreten!

Es ist gewissen Kreisen gelungen, diese edlen Ziele, die nun so greifbar nahe sind, als Trugbilder des sicheren Untergangs eines Teiles Deutschlands im Pfuhl des Kapitalismus darzustellen und zwar gerade bei den Menschen, denen sie durch jahrelanges Angstmachen das Nachdenken nahezu abgewöhnt haben.

Es riecht schon stark nach Bauernfängerei, wenn man in fast schamloser Weise versucht, alles Trachten auf die Westmark zu lenken.

Das geht sogar soweit, daß unter dem Aufruf der Gewerkschaft

»Wir sind nur *halbe* Deutsche?«

eine Protestresolution mit Unterschrift der breiten Masse an den Bundeskanzler abgegeben werden sollte, in welcher ein Umtauschkurs von 1:1 gefordert wurde.

Es sei die Frage erlaubt: »Wer hat eigentlich etwas zu fordern?« - Wir? Ja, wir! Wir, das Volk, haben etwas zu fordern - das stimmt! Es fragt sich nur, von wem.
Von der BRD-Regierung etwa?

Soll der Bundeskanzler durch unsere Unterschriften dazu bewegt werden, unter alles - aber auch alles - den dicken Schlußstrich zu ziehen?

Das würde bedeuten, daß dann diejenigen ungeschoren davonkommen, denen wir die 40 Jahre Rückwärtsgang, den Ruin unseres Landes, unserer Kultur, auch den Ruin einer sozialen Sicherheit zu verdanken haben. Das heißt aber auch, daß wir wenig von dem in uns haben, was man unter vernünftigen Menschen als Stolz bezeichnet. Das wahre Ziel unserer Revolution ist und bleibt in erster Linie

die FREIHEIT, nicht die Westmark!

Haben wir denn schon vergessen, warum wir auf die Straßen gegangen sind?

Um auf den Punkt zu kommen, ist es nicht die Partei der Arbeiterklasse gewesen, die uns Bürger der DDR zu

halben

Menschen gemacht hat? Was galt denn ein DDR-Bürger noch im eigenen Land oder gar in den »Bruderländern«? Wir waren doch weit weniger als halbe Deutsche – wir waren der »letzte Dreck«, um es einmal ganz profan auszudrücken.

Daher können wir, das Volk, nur etwas von denen fordern, denen wir all das zu verdanken haben, was wir in den 40 Jahren DDR erleben mußten.

Als Christen geziemt es uns nicht, Gleiches mit Gleichem zu vergelten und der Rache in unseren Herzen Raum zu geben. Unsere Revolution hat eindrucksvoll bewiesen, wessen Geistes Kinder *wir* sind, hat bewiesen, daß wir uns mühen, nach den Grundsätzen unseres Glaubens zu leben.

Trotz allem hat das Volk Anspruch auf Genugtuung. Es soll hier nicht über geschehene Verbrechen geurteilt werden – das kommt uns hier nicht zu.

Aber – es wird uns soviel von sozialer Unsicherheit vorgeredet, daß viele von uns in arge Zweifel über den Ausgang unserer Revolution geraten. Manche sehnen sich sogar nach den Tagen im Sozialismus zurück, wo alles scheinbar so schön in Ordnung war und jeder seine Ruhe hatte, wenn er nur das machte, was die herrschende Klasse von ihm erwartete.

Wir sind der Meinung, daß auch die, welche uns die große soziale Unsicherheit prophezeien und denen wir schließlich diesen ganzen traurigen Zustand in unserem Teil Deutschlands zu verdanken haben, verpflichtet sind, sich nun aktiv für das Wohl und Glück des Volkes einzusetzen.

Wir fordern daher, daß die Partei- und Staatsrenten nicht in den Umtausch 1:1 einbezogen werden, sondern, daß die

Differenz zur normalen Rente einbehalten und einem Fonds zugeführt wird. Dieser Fonds sollte dann bei vorübergehender Arbeitslosigkeit im Umgestaltungsprozeß der Wirtschaft für soziale Hilfeleistungen zur Verfügung stehen.

Mit Eurer Entscheidung werdet ihr eine schwere Bürde all denen auferlegen, die sich besonders seit dem 9. Oktober 1989 für Freiheit, Einheit, Gerechtigkeit und Demokratie eingesetzt haben. Tut nun auch das, wozu Ihr in der Lage seid, damit das gelingt, was uns in der Zeit unserer friedlichen Revolution so sehr am Herzen lag. Nur gemeinsam können wir das schwere Erbe tragen und bewältigen und unser Eichsfeld in einem geeinten Deutschland zum Hort des Friedens und der Lebensfreude in Europa werden lassen.

Ich rufe alle Landsleute auf, sorgt in Euren Reihen für Ruhe und Ordnung!

Laßt Euch nicht anstecken von dieser widerlichen Welle, die große Westmark machen zu wollen! Setzt Euch dafür ein, daß die, die Euch Jahrzehnte geknechtet haben, in einem vertretbaren und gerechten Maße dafür bezahlen! Seid wachsam und gebraucht bei allem, was Ihr tut Euren gesunden Menschenverstand. Packt selber mit an, wo immer es nötig ist, den allumfassenden maroden Zustand bei uns zu verändern!

Von beiden Regierungen des noch geteilten Deutschlands erhoffen wir einen stark engagierten Einsatz für die Gerechtigkeit unter den Menschen eines künftig vereinten deutschen Volkes!

Sonntag, 6. 5. 90 Kommunalwahlen

Zusammensetzung des neuen Kreisrates in Heiligenstadt steht fest

Ergebnis Vertrauensbeweis für Dr. Henning

Kreis Heiligenstadt (spo). »Dr. Werner Henning soll unseren Eichsfeldkreis auch in Zukunft führen.« Diesen Bürgerwunsch spiegelt das Traumergebnis wider, das der christdemokratische Kreisratsvorsitzende bei der Kommunalwahl erzielte. Mit 6707 Stimmen liegt Henning in der Wählergunst weit vorn, gefolgt von Dr. Eberhard Liesaus (CDU), der 5166 Stimmen auf sich vereinigte, und Dr. Ernst Mrusczok (CDU, 4323 Stimmen). Mit insgesamt 52313 Stimmen, knapp 74 Prozent, übernimmt die Union im Kreis Heiligenstadt das Ruder.

Gestern mittag gab die Kreiswahlkommision unter Vorsitz von Günter Lindemann das endgültige Ergebnis der Wahl des neuen Kreistages bekannt. Damit steht die Zusammensetzung des wichtigsten demokratischen Gremiums fest. Sechs Parteien und politische Organisationen sowie ein Einzelkandidat werden sich im Parlament für die Belange der Bürger und die Entwicklung des Kreises einsetzen:

Die CDU wird mit 39 Sitzen (52313 Stimmen, 73,95 Prozent) zur dominierenden Kraft im Kreistag.

Mit weitem Abstand zweitstärkste Fraktion wird das Bündnis von SPD und Demokratischer Bauernpartei Deutschlands, die 6732 Stimmen auf sich vereinigen konnten (9,52 Prozent).

Mit jeweils drei Sitzen werden der Bund Freier Demokraten und die Partei des Demokratischen Sozialismus im neuen Parlament vertreten sein. Immerhin 4479 Bürgerinnen und Bürger im Kreis Heiligenstadt sprachen der Nachfolgepartei der SED ihr Vertrauen aus. Damit erreichte die PDS 6,33 Prozent der Stimmen.

Der BFD erzielte insgesamt 3419 Stimmen, das entspricht 4,83 Prozent. Damit hätten die Liberalen bei Kommunalwahlen in der Bundesrepublik den Sprung in den Kreistag nicht geschafft. Zum Schutz vor der Zersplitterung der Parlamente installierten die Gesetzgeber in der Bundesrepublik die Fünf-Prozent-Klausel, um in Erinnerung an die Weimarer Republik kleinen Splitterparteien den Weg ins Parlament zu versperren. Die Schöpfer des Grundgesetzes in der Bundesrepublik fürchteten die Unregierbarkeit durch eine Vielzahl winziger Gruppierungen.

Mit jeweils einem Sitz errangen der Bauernverband der DDR (1868 Stimmen, 2,64 Prozent), der Einzelkandidat Helmut Vogler (542 Stimmen, 0,77 Prozent) und der Demokratische Frauenbund Deutschlands (781 Stimmen, 1,10 Prozent) ein Mitspracherecht im Kreistag.

Aufgrund dieser Ergebnisse stehen jetzt auch die Mandatsträger fest. Im Kreistag verteten sein werden:

CDU: Dieter Althaus, Dr. Ernst Mrusczok, Werner Nolte, Dr. Werner Henning, Irmgard Goder, Dr. Eberhard Liesaus, Gerhard Hildebrand, Ulrich Franke, Georg Albrecht, Martin Gassmann, Ottmar Föllmer, Hans-Georg Gries, Jürgen Hartleib, Peter Nolte, Hans-Gerd Adler, Karl-Heinz Müller, Doris Vogt, Walter Reinhardt, Renate Hundeshagen, Gerhard Funke, Lothar Weinreich, Annemarie Metz, Gerhard Montag, Manfred Grund, Johannes Schmidt, Harry Töpfer, Hans-Josef Weidemann, Gerhard Juenemann, Marlies Kaspari, Manfred

Schäfer, Franz Fischer, Horst Sievers, Uta Trümper, Brunhilde Vogler, Monika Stahl, Erhard Hoffmeyer, Friedrich Meinhof, Helmut Riethmueller, Thomas Heddergott;
SPD/DBD: Günter Dettmann, Hans-Werner Rühling, Horst Thön, Ingrid Lindemann, Martin Jung;
DFD: Erika Manthey;
Bauernverband: Rainer Wehr;
BFD: Siegfried Netz, Helmut Trümper, Raimund Arand;
PDS: Werner Buse, Rainer Watzl, Helga Fuchs;
Unabhängig: Helmut Vogler.

aus: Eichsfelder Tageblatt, 7.5.90

aus: Eichsfelder Tageblatt, 7.5.90

Hut ab!

Ohne den vorbildlichen Einsatz der insgesamt 919 freiwilligen Wahlhelfer wäre der entscheidende Schritt zur Demokratisierung der Kommunen im Kreis Heiligenstadt nicht möglich gewesen. Nicht nur verzichteten sie bei traumhaftem Wetter am Wahlsonntag auf ein entspanntes Sonnenbad unter blauem Himmel. Sie schlugen sich auch die halbe Nacht um die Ohren, bis die Stimmen endgültig fehlerfrei ausgezählt waren. Während die kreisweit 60 Wahlkommissionen für Vorbereitung, Kontrolle und korrekte Übermittlung der Ergebnisse zuständig waren, sorgten die Wahlvorstände in den Stimmlokalen für den reibungslosen Ablauf der Bürgerentscheidung. Die meisten Helfer, die bei der Kommunalwahl im Einsatz waren, hatten ihren Mitbürgern bereits bei der Volkskammerwahl einen herrlichen Frühlingstag geopfert. Diesen engagierten Frauen und Männern gilt der Dank aller Bürger.

Silja Polzin

aus: Eichsfelder Tageblatt, 7.5.90

S T A T I S T I S C H E S   B E Z I R K S A M T

E R F U R T

im Auftrage der Wahlkommission des Bezirkes Erfurt

Kommunalwahlen in der DDR 1990

- Vorläufiges Ergebnis -

Wahlen zu den Kreistagen des Bezirkes Erfurt und den Stadtverordnetenversammlungen Erfurt und Weimar

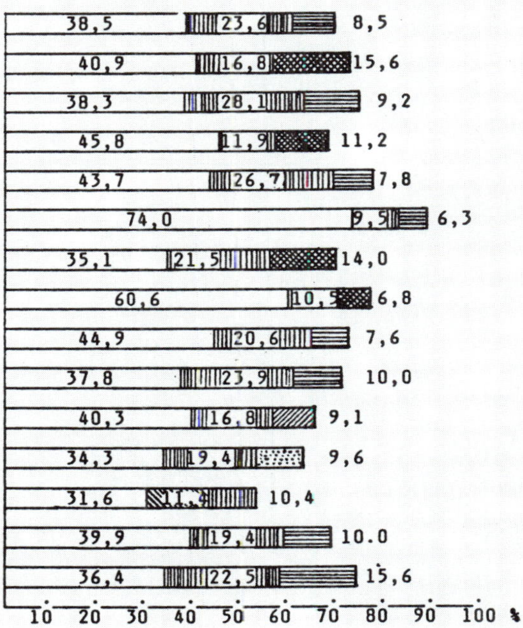

Kreistag/Stadtverordnetenversammlung	Listen mit den höchsten Stimmenanteilen	Wahlbeteiligung in % am 6.5.	Wahlbeteiligung in % am 18.3.
Arnstadt	38,5 / 23,6 / 8,5	80,5	94,7
Apolda	40,9 / 16,8 / 15,6	78,2	93,5
Eisenach	38,3 / 28,1 / 9,2	79,0	94,8
Erfurt-Land	45,8 / 11,9 / 11,2	85,1	96,0
Gotha	43,7 / 26,7 / 7,8	77,6	94,0
Heiligenstadt	74,0 / 9,5 / 6,3	84,2	97,1
Bad Langensalza	35,1 / 21,5 / 14,0	81,4	96,1
Worbis	60,6 / 10,5 / 6,8	83,9	96,6
Mühlhausen	44,9 / 20,6 / 7,6	77,2	94,3
Nordhausen	37,8 / 23,9 / 10,0	77,3	94,3
Sömmerda	40,3 / 16,8 / 9,1	79,5	95,1
Sondershausen	34,3 / 19,4 / 9,6	81,1	95,4
Weimar-Land	31,6 / 11,4 / 10,4	84,1	95,0
Weimar-Stadt	39,9 / 19,4 / 10.0	71,4	91,6
Erfurt-Stadt	36,4 / 22,5 / 15,6	68.8	90,7

= CDU/CDU ua
= SPD /SPD ua
= PDS
= B.F.D./B.F.D. ua
= Bauern
= DBD
= Freie Wählervereinigung

Kommunalwahlen in der DDR am 6. 5. 1990 Vorläufiges Endergebnis

Kreis Heiligenstadt

Liste 1 - Bauern:	2,64%
Liste 2 - B.F.D.:	4,83%
Liste 3 - CDU:	73,95%
Liste 4 - DA:	0,50%
Liste 5 - SPD u. a.*:	9,52%
Liste 6 - DFD:	1,10%
Liste 7 - FDJ:	0,13%
Liste 8 - PDS:	6,33%
Liste 9 - VS:	0,23%
Liste 10 - EV L1*:	0,77%

* SPD u. a. = SPD/DBD; EV L1 = Einzelvorschlag

Kreis Worbis

Liste 1 - Bauern:	0,74%
Liste 2 - B.F.D.:	6,75%
Liste 3 - CDU:	60,60%
Liste 4 - DA:	1,80%
Liste 5 - DBD:	3,33%
Liste 6 - DFD:	1,65%
Liste 7 - FDJ:	0,03%
Liste 8 - F.D.P.:	1,45%
Liste 9 - GRÜNE:	1,81%
Liste 10 - NF:	0,61%
Liste 11 - PDS:	4,36%
Liste 12 - SPD:	10,54%
Liste 13 - Chr. Z.*:	3,71%
Liste 14 - EVL1:	2,62%

* Chr. Z. = Bürgerbewegung Christliches Zentrum; EVL1 = Einzelvorschlag

Montag, 7.5.90 Leinefelde

Bertram Vogt, Pfarrer in Leinefelde:

In der Wahl am 6. Mai ging die CDU wiederum als stärkste Partei hervor. Sie stellt auch den neuen Bürgermeister Gerd Reinhardt, der unserer katholischen Pfarrgemeinde angehört.

Die vor ihm liegenden Aufgaben erweisen sich durch die besondere Situation unserer Stadt als sehr schwer.

Die neugewählten Stadtverordneten in Leinefelde kamen vor ihrer konstituierenden Sitzung zu einem Wortgottesdienst in unsere »Alte Kirche«. Dieser Gottesdienst wurde noch einmal zu einem dankbarem Erlebnis. Alle Teilnehmer spürten: Der Neubeginn kann nur mit dem Segen Gottes gelingen.

Dienstag, 8.5.90 Heiligenstadt

Die bereits erwähnten Friedensgebete in vielen Orten des Eichsfeldes waren stets geprägt von der aktuellen Lage im Lande. Das, was die Menschen bewegte, wurde offen ausgesprochen. Immer war es eingebettet in die Erfahrung des gläubigen Eichsfelders seit jeher, die da lautet: »Wirf deine Sorge auf den Herrn, er wird dich erretten.«

Als sich die Situation im Lande so entwickelte, daß keine Demos mehr nötig waren, nahm auch die Beteiligung an den Friedensgebeten ab. Den Abschluß dieser großartigen Veranstaltungen bildete das *Friedensgebet am Tag der Befreiung, am 8. Mai.* Entgegen der gewohnten Ehrung der Opfer des Faschismus und Militarismus mit Kranzniederlegungen auf den sowjetischen Heldenfriedhöfen, wurde diesmal der Opfer des Krieges, des Stalinismus und der Gewalt im kirchlichen Raum gedacht. Damit erhielt der 8. Mai 1990 eine völlig neue Dimension: Der 1945 befreite Teil Deutschlands wurde erst nach 45 Jahren wirklich frei.

Mögen kommende Generationen aus dieser unserer Geschichte lernen, daß Menschen sich nie wieder anmaßen, über Menschen zu herrschen. Eine lebenswerte Zukunft für den Menschen und unsere Erde kann nur erreicht werden, wenn Achtung, Toleranz, Verantwortung und bei allem ein Körnchen Humor das Miteinander bestimmen.

Frank G. Volkmar, während des Friedensgebetes:

»8. Mai 1945 - Gedanken zum Tag der Befreiung«

Der 8. Mai 1945 war sicher kein Frühlingstag wie jeder andere, denn es waren wohl sicher nur wenig Menschen in Deutschland, die an diesem Tag Muße hatten, den Frühling zu genießen. Und dennoch war es für Deutschland ein Frühlingstag ganz besonderer Art: ein Neubeginn in eine bessere Zeit.

Deutschland hatte den Krieg verloren - nein, Deutschland hatte kapituliert - bedingungslos.

Das Land, das noch wenige Zeit zuvor die Welt beherrschen wollte, konnte nicht einmal mehr irgendwelche Bedingungen stellen. Es war am Ende. Zahlreiche, einst blühende, weltberühmte Städte waren bis zur Unkenntlichkeit zerstört. Durch das Land zogen endlose Karawanen obdachloser, heimatloser Vertriebener - ihre bescheidenen Habseligkeiten auf Handwagen hinter sich herziehend. Kolonnen fremder Soldaten waren überall unterwegs; untersuchten Städte, Fabriken, Güter und Schlösser nach Wertgegenständen, nach Wertvollem. Zwischen den Trümmern der zerschossenen und zerbombten Städte lagen Leichen, suchten Kinder ihre Mütter, Frauen ihre Männer. Aus zahlreichen Gefängnissen und Konzentrationslagern kehrten Menschen ans Licht zurück, in deren Gesichtern die Leiden von tausend Jahren für ewig eingemeißelt schienen. Und wie viele kehrten nicht zurück!

Deutschland war am Ende. Deutschland - existierte es überhaupt noch? Mit diesem 8. Mai 1945 begann nach einem der schrecklichsten Winter der Menschheit eine Zeit des Erwachens, eine Zeit der Erkenntnis und des Neubeginns. Je mehr die Menschen erkannten, wie katastrophal die Situation war, in die sie geraten waren, um so mehr fragten sie danach, wie konnte es nur soweit kommen. Je mehr ihnen bewußt wurde, daß Millionen Männer, Brüder, Söhne ihr Leben lassen mußten für einen größenwahnsinnigen und sinnlosen, alles vernichtenden Krieg, um so mehr fragten sie sich, wie es sein konnte, daß auch sie an die Notwendigkeit dieses Krieges geglaubt hatten. Je mehr ihnen bewußt wurde, welche grausamen Verbrechen an dem jüdischen Volk und den Völkern der Welt auch in ihrem Namen begangen worden waren, um so betroffener wurden sie über die Schuld, die auf ihren Schultern lastete.

Es war nicht nur das Deutsche Reich vernichtet worden in diesen Tagen, sondern auch die Menschen standen innerlich vor einem Abgrund.

Doch wir begehen den 8. Mai heute nicht als Gedenktag einer Niederlage, sondern als Gedenktag der Befreiung. Befreiung bedeutet Erlösung, bedeutet Hoffnung.

Und so standen auch die Deutschen vor 45 Jahren mit neuer Hoffnung vor einer glücklicheren Zukunft.

Man ging daran, ein neues Deutschland aufzubauen. Es sollte ein Land werden, in dem die Menschen glücklich und frei leben konnten. Und es sollte ein Land werden, daß nie wieder einem Nachbarn Angst einflößt oder ein anderes Volk bedroht. Leider waren die Siegermächte uneins darüber, welches der bessere Weg für Deutschland sei und welches Deutschland ihnen am meisten nütze. So begann für die Deutschen eine Zeit der Teilung. Eine Teilung, die nicht nur geographisch, sondern auch zwischen den Menschen erfolgen sollte. So wünschten es sich zumindest die Machthaber in der DDR. Während auf dem Gebiet der Bundesrepublik ein demokratisches Staatssystem entstand, das mit dem Grundgesetz eine der besten und demokratischsten Verfassungen der Welt zur Grundlage hatte, installierten die Statthalter und Handlanger Stalins in der DDR eine erneute Diktatur. Man ersetzte Demokratie durch scheinbare Macht der Mehrheit.

Alles zum Wohle des Volkes – alles im Namen des Volkes.

Und was des Volkes Wille war, daß bestimmte eine elitere Führungsclique. Allmählich wurde, was nach '45 durchaus auch hoffnungsvoll begonnen hatte, langsam wieder zu dem, was man ja eigentlich nicht mehr zulassen wollte. Zum Wohle des Volkes wurden wieder Mauern, Zäune und Stacheldraht errichtet.

Zum Wohle des Volkes wurde auf Republikflüchtlinge geschossen. Zum Wohle des Volkes wurde das Volk bespitzelt und überwacht, wurden politische Häftlinge gefoltert und menschenunwürdig behandelt. Und wieder schienen es die meisten nicht zu bemerken. Ergaben wir uns in das scheinbar Unabänderliche. Nahmen wir leise murrend hin, was man uns vorsetzte. Bis – ja, bis das Faß überlief und die Menschen über die Zäune stiegen, auf die Straßen gingen und ihren Unmut laut und immer lauter zu Gehör brachten. »Wir sind das Volk!« Und ganz schnell wurde uns bewußt, daß es für unser Deutschland nur eine Zukunft geben kann. Eine Zukunft, die unsere Landsleute in der Bundesrepublik schon vor 40 Jahren begannen. Eine Zukunft, die nichts mehr gemein hat mit der schwärzesten zwölfjährigen Vergangenheit, die die Deutschen belastet, wie tausend Jahre. »Wir sind ein Volk!«

Und als solches können wir nur gemeinsam in eine friedliche und glückliche Zukunft gehen.

So ist der Mai 1990 für Deutschland wieder ein besonderer Mai - ein erneuter Frühling - eine erneute Chance.

Wir müssen alle mithelfen, damit das in Erfüllung geht, was wir uns für unsere Zukunft wünschen. Dabei darf sicher nichts überstürzt werden, obwohl Ungeduld nach 40jährigem Warten nur verständlich ist. Es gilt auch Rücksicht zu nehmen auf die anderen Völker Europas. Deutschland darf nie wieder zu einer Bedrohung eines anderen Volkes werden. So haben es auch die Siegermächte 1945 verfügt. Und wir tun gut daran, wenn wir gar nicht erst den Verdacht einer potentiellen Gefahr aufkommen lassen.

Lassen Sie uns also dieses Tages vor 45 Jahren gedenken und ihn würdigen, als Anfang einer neuen Zeit für Deutschland, für Europa, für die Menschheit.

Lassen Sie uns den heutigen Tag zum Anlaß nehmen, uns darauf zu besinnen, daß wir auch im Hinblick auf unsere Zukunft eine große Verantwortung aus der Vergangenheit für unser ganzes Volk und besonders für die Völker Europas tragen.

Eine friedliche Zukunft für uns Deutsche - eine historische Chance seit dem 8. Mai 1945 - ist nur in einer friedlichen Zukunft Europas möglich.

Der Tag der Befreiung

Tag der Befreiung,
du Tag der Bedrückten,
du Tag der Kasteiung,
der in Knechtschaft Gebückten,
du Tag, an dem die braunen Horden besiegt,
du Tag, an dem unserem Volk neue Qualen erblüht.

Vierzig Jahre mußten wir deine Freiheit genießen.
Vierzig Jahre mußten wir deine Blumen begießen.
Jedes Jahr legten prunkvoll rote Kränze wir nieder.
Jedes Jahr erklangen zum Ruhme die Lieder

für die Gefallenen der einen Front,
in deren Schatten sich haben die Bonzen gesonnt.
Ruhm euch, ihr Sowjetsoldaten,
die ihr gefallen, wie unsere Väter und Brüder.
Ruht in Frieden, wo euch der Spaten
die letzte Ruhstätte brachte nieder.
Hat man zu Lebzeit euch schon betrogen,
so hat man mißbraucht auch noch euch, ihr Toten.

Unsterbliche Opfer für die Opfer der Sterblichen.
Doppelt geschunden und doppelt mißbraucht
durch die herrschende Macht, der vielfach verderblichen,
die nach der Befreiung uns die Freiheit geraubt.
Die gequält und geschunden
das Volk bis aufs Blut,
die es tausendfach gebunden,
damit 's nicht erwache, damit es nur ruht.

Doch nun, da der Ostersonne Strahl
unser dunkles Grab erhellt,
erwachten wir aus unserer Qual,
der Nacht der Angst, die uns entstellt.
Wir standen auf - nun sind wir frei!
Frei von Ketten und von Banden,
frei von Diktatur und Sklaverei.
Wo Menschen zu Gott, zur Freiheit fanden,
ja, da ist ein Volk nun wirklich frei!

Tag der Befreiung,
du Tag der Beglückten,
du Tag der Befreiung,
der in Knechtschaft Gebückten,
du Tag, an dem die roten Herrscher besiegt,
du Tag, an dem uns unsere Freiheit erblüht!

Gehannes vum Lipsbaerge

Der Opfer und Verfolgten gedacht

Ökumenische Gedenkfeier zum 8. Mai in der St.-Gerhardus-Kirche von Heiligenstadt

Kreisratsvorsitzender, Bürgermeister und CDU-Kreisvorsitzender unter den Anwesenden

Heiligenstadt (TT). Erstmals seit über 40 Jahren gab es im Eichsfeld zum 8. Mai keine staatlich verordnete Gedenkfeier mit Kranzniederlegung, Parteiendelegationen und Thälmannpionieren. Dafür fand diesmal am Dienstagabend, zum 45. Jahrestag der Zerschlagung des deutschen Faschismus, eine ökumenische Gedenkstunde in der Gerharduskirche Heiligenstadt für die Opfer des Faschismus, des Stalinismus und aller zu Unrecht Verfolgten und Unterdrückten statt. Die friedliche Revolution vom Herbst 1989 hatte es möglich gemacht. Eingeladen zu diesem stillen Gedenken bei Gebet und Lesung hatten die beiden christlichen Kirchen, die Demokratische Initiative Heiligenstadt, der Kreisvorstand der Christlich-Demokratischen Union Deutschlands und der Kreisratsvorsitzende Dr. Werner Henning, der wie auch Bürgermeister Bernd Beck (CDU) und CDU-Kreisvorsitzender Franz Fischer im Kirchenschiff Platz genommen hatten.

Pater Hundeck, Pfarrer derSt.-Gerhardus-Gemeinde, und Sprecher der Demokratischen Initiative erinnerten an das unsagbare Leid, das die faschistische Diktatur durch Krieg, Völkermord, Verschleppung, Gewalt und Konzentrationslager über Europa brachte, aber auch an die nachfolgende stalinistische Gewaltherrschaft mit Bespitzelung, Inhaftierung politisch Unliebsamer, Stacheldraht und Mauer. »Heute nun dürfen wir dankbar und erfreut endlich die Früchte der Freiheit und Demokratie genießen«, meinte Pater Hundeck. Eine tiefsinnige Verbindung zwischen dem 8. Mai 1945 und der Wende in der DDR stellte Hans-Gerd Adler mit seinem Gedicht »Der Tag der Befreiung« her.

aus: Thüringer Tageblatt, 10.5.90

26. 5. 90
ein Tag der Freude, die Wiedereröffnung der Bahnstrecke Arenshausen-Eichenberg. Nun können sie wieder rollen, die D-Züge Halle-Kassel.

Juli
1990
Heiligenstadt

Hans Freitag

Hinterher ist alles gar nicht so schlimm gewesen …

Jetzt, im Juli 1990, fahren sehr viele unserer Mitmenschen ein schönes »West«-Auto. Das »Westgeld« ist unser einziges Zahlungsmittel. Urlaubsreisen in ferne Länder, an traumhaft schöne Strände, von denen sonst nur die »Westmedien« berichteten, sind keine Träumereien mehr. Sehr viele hilfsbereite Berater eilen aus dem »Westen« zu uns, geben uns Tips, Ratschläge, fädeln komplizierte Fortbildungsmöglichkeiten ein, setzen sehr viel Zeit, Kraft und Geld ein. Wir kommen uns mitunter regelrecht dumm vor. Wir kennen uns ja so wenig aus in all dem, was wir da erreicht haben.

Wir benötigen sie dringend, unsere Berater, unsere Einfädler, unsere Lehrer aus dem »Westen«.

Aber die »Revolution« haben wir alleine gemacht. Da hat keiner uns sagen müssen, wie das geht. Da haben wir mit brennenden Augen vor dem Fernseher gesessen und den

Leipzigern zugeschaut. Wir sahen, wie Polizisten mit schlagenden Knüppeln auf Menschen zurannten. Wir sahen, wie Hunde Menschen ansprangen. Wir konnten nicht glauben, daß das »unsere« Polizisten taten. Wir sahen, wie »Volks«-Polizisten auf wehrlose Männer und Frauen einschlugen, die nichts anderes taten, als auf der Straße laut zu rufen: »Keine Gewalt«. Mit angehaltenem Atem sahen wir, wie der Strom der Demonstranten in Leipzig wuchs. Wir hielten den Atem an am 2. Oktober und noch mehr am 9. Oktober. Wir alle wußten, das kann gefährlich werden. Die Schülerinnen des Kindergärtnerinnenseminars Erfurt im Ursulinenkloster beteten vom 5.10. zum 6.10. die ganze Nacht durch. Die Schwestern im Bergkloster Heiligenstadt beteten bis tief in die Nacht hinein. Viele, viele Menschen beteten in aller Stille. Menschen starben und trugen bis zum letzten Atemzug die Sorge um dieses Land, um seine Menschen in sich. Es lag Schlimmes in der Luft, wir wissen es alle noch. Jeder erinnerte sich der Ereignisse in China. Der Zynismus jener Volkskammerdeklaration zu den Chinesischen Ereignissen war nicht spurlos an unseren Augen vorübergegangen. Wir hatten sie wohl gelesen und verstanden. Wir hatten die Drohung herausgehört. Wir hatten sie gesehen in den gefährlich lächelnden Augen des Herrn Krenz. Er, der Kronprinz, entsandt nach China, um den Genossen dort die herzlichsten Kampfesgrüße zu übermitteln, er hatte davon gesprochen, daß man bereit wäre, von den Chinesischen Genossen zu lernen, wie man mit Konterrevolutionären umzugehen hätte. Wir sahen sehr wohl, an welch ehrenwerter Stelle die Chinesischen Genossen am 7. Oktober Platz genommen hatten. Wir sahen und hörten am 7. Oktober den bezahlten Jubel und sahen und hörten doch nicht. Wir hörten kein Wort des Trostes, wir sahen keine einzige Geste, die uns galt. Und dann die Meldung von der klassenbewußten Haltung der Leipziger Kampfgruppengenossen nach dem 2. Oktober; sie wären bereit, die Republik und ihre Errungenschaften auch mit der Waffe in der Faust zu verteidigen. Wir erschraken. Was sollte das geben, am 9. Oktober, dort in Leipzig? Wir wissen, dieser 9. Oktober brachte den Duchbruch. Wie sie da riefen: WIR SIND DAS VOLK. Wie sie mit ihren Kerzen gingen. Und dann am 10. Oktober - 300 000 nannten die Westmedien - wurde deutlich, das ist ein Strom, dem müssen wir uns anschließen. Die Leipziger gehen voran, wir müssen durch diese Bresche gehen. Plötzlich zeigte sich etwas: In Heiligenstadt wurde schon seit Jahren am Montag Gemeindegebet gehalten. Jetzt wurde zum Friedensgebet eingeladen. Und Unzählige kamen. Und Unzählige blieben und gingen mit zum Friedensplatz. Als wir zum ersten Mal zu Beginn eines Friedensgebetes sangen: HILF, HERR MEINES LEBENS, DASS ICH NICHT VERGEBENS HIER AUF ERDEN BIN, da stieg mir etwas in der Kehle hoch, was ich so seit langem nicht gefühlt hatte. Von nun an, von Ende Oktober an, gingen wir jeden Montag zum Friedensgebet und anschließend zur »Demo«. Wir nahmen daheim unsere Kerze, steckten sie in einen Beutel und gingen los. So einfach war das. Aber so einfach war das nicht! Am 16. Oktober hatten wir als Familie zum ersten Mal um 18 Uhr eine Kerze ins Fenster gestellt. Sie stand zur Hauptstraße hinaus, sie konnte von der gegenüberliegenden Schule gut gesehen werden. Wir taten das aus Sorge um die Leipziger. Wir wußten, unsere Angehörigen sind dort in Leipzig dabei. Diese Kerzen in den Fenstern vermehrten sich. Aber als wir unsere erste Kerze aufstellten, da war noch Angst in mir, da tat ich dies im Bewußtsein, daß ich etwas riskierte. Und als wir zum ersten Friedensgebet gingen, wußten wir, daß noch längst nicht alles heil und vorbei sein würde. Heute wissen wir, wie berechtigt unsere Sorge, ja, auch unsere Angst war. Und wir können heute erst ermessen, was die Frauen und Männer taten, die da vorn auf das Podest vor dem Kreisratsgebäude stiegen, um mutig zu reden. Sie wurden uns regelrecht vertraut, wir kannten ihre Stimmen: Brunhilde Pawelski, Helmut Riethmüller, Martin Gaßmann, Hans-Gerd Adler, der »Alte« Herr Rost, Eduard Fiedler... Am Anfang auch noch, wie ein Dompteur im Käfig, Diakon Lang als Moderator. Erst heute kann ich einigermaßen ermessen, wieviel Mut diese aufbrachten, die sich da zu unseren Sprechern machten. Und sie fanden unseren Beifall, unsere Zustimmung, sie sprachen unsere Sorgen aus, benannten das, was uns bedrängte, sie blieben weitgehend sachlich, beruhigten die aufgeregten Massen, führten uns gedanklich durch die Unwegsamkeit der vor uns liegenden Zeit. Sie wußten selbst nicht, wohin der Weg gehen würde, aber sie gingen voran. Wir haben ihnen zu danken, ihnen allen, den Rosenthals und Diederichs, Hennings und Becks, all denen, die sich mit den Allgewaltigen der Vergangenheit persönlich »anlegten«. Wir haben ihnen zu danken, die sich in der von Scheinwerfern hell erleuchteten Nacht den Kofends und den Beers stellten. Immer wieder, jeden Montag versammelten sich Tausende, wenigstens Hunderte, um zuerst zu beten und dann zum Friedensplatz zu ziehen. Die Stadtgeistlichen haben sich stets an die Spitze des Friedensgebetes gestellt, haben den Platz eingenommen, der ihnen gegeben war, am Altar vorn, bei der Demonstration im Volk. Mit einer Ausnahme, der evangelische Pfarrer Meinhof sprach sehr oft, um nicht zu sagen meistens, ein Schlußwort. Er riskierte sich auf seine Weise. Er wagte es, sich vor die Haltung von Pfarrer Holmer zu stellen, der das Ehepaar Honecker bekanntlich in Lobetal beherbergte. Dafür bekam er Pfiffe, Schimpfworte, Drohungen. Es war eine gewaltlose Zeit nur im Hinblick auf die Fäuste. Die Zungen waren nicht gewaltlos, und auch nicht die Kehlen. Ich selbst pfiff erstmals einen Menschen aus, in meinem ganzen Leben zum ersten Mal: Als der Kreisschulrat Beer die Dreistigkeit besaß, zu behaupten, die Jugendweihe wäre absolut freiwillig gewesen. An solchen Stellen schwappte der »Topf« über. Manchmal gingen wir fort, wenn nur noch geschrien und gepfiffen wurde. Es gab auch Lachen, zum Beispiel, wenn Herr Adler und Herr Fiedler das Lied vom »Wendehals« sangen, oder wenn, nach einer Dankesrede gegenüber den Schwestern durch Herrn Dreiling, die anwesende Kapelle, angesichts des katholischen Kindergartens das Lied intonierte: »Ihr Kinderlein kommet«; und dies mitten im Advent.

Mitunter waren nur noch wenige da, zum Friedensgebet und zur Demo. Dies vor allem nach dem 9. November.

Aber als Gysis Kampfdemonstration im Treptower Park nach Weihnachten Tausende Berliner Antifaschisten zusammenzog, da strömten sie auch in Heiligenstadt wieder zusammen. Die Teilnahme an den Demonstrationen war ein Barometer, das die Stimmung zeigte.

Damals gingen wir auf die Straße für die Freiheit. An ein Westauto habe ich damals nicht gedacht, auch nicht an die D-Mark. Wir trugen unsere Kerzen und hatten oftmals Angst. Wir liefen gemeinsam und fühlten, wie die Angst allmählich wich. Und manchmal beschleicht mich die Frage: Ob wohl alle, die jetzt so dicke Autos fahren, bei den Demos waren? Und manche von denen klagen schon wieder – über die Gegenwart, denn: Hinterher ist alles gar nicht so schlimm gewesen.

Schluß

Möge der Wunsch, aber auch das Trachten aller »noch« oder »ehemaliger« DDR-Bürger darauf gerichtet sein, daß die Einheit unseres Vaterlandes zum Wohle aller seiner Menschen und zum Wohle Europas gereicht. Die Erfahrungen, die die Menschen in den Jahren von 1945 bis 1990 in einem kleinen Stückchen Land gemacht haben, wo Europa zwar nicht vom Krieg heimgesucht wurde, aber dennoch von Unterdrückung, Minen, Stacheldraht, Todesschüssen und großer persönlicher und allgemeiner Unfreiheit gekennzeichnet war, mögen dazu dienen, daß sich solche Zustände in unserem Vaterland niemals mehr wiederholen.

Niemals soll eine Partei, gleich welcher Art, selbstherrlich über unser Volk regieren.

Jedem, der diese Dokumentation über die Revolution im Eichsfeld liest, möge sich bewußt werden, daß er zu einem Volk gehört, aus dem Menschen voller Stolz selbst von sich sagen konnten:

»WIR SIND DAS VOLK«

Hans-Gerd Adler

Anhang

Nicht nur die Religiösität und der Eichsfelder Humor, auch die für das Obereichsfeld typische Mundart darf in diesem Buch nicht zu kurz kommen. Wenn auch die Mundart in jedem Dorf des Eichsfeldes ihre besondere Aussprache hat, so möchte ich stellvertretend die des bekannten Mundartdichters Martin Weinrich benutzen.

Gerade die Mundart war für mich in den letzten Jahren ein geeignetes Mittel, um etwas »an den Mann zu bringen«, was in normalem Hochdeutsch nicht ganz ohne »Probleme« möglich war. Besonders im Karneval, aber auch bei manchen anderen Gelegenheiten, konnten auf diese Art Dinge ausgesprochen werden, die für den etwas »Unkundigen« nicht sofort verstanden wurden, die aber ihre Wirkung nicht verfehlte.
Aus Anlaß des 25jährigen Gemeindejubiläums von St. Gerhard und dem traditionellen Familiensonntag der Heiligenstädter Kirchengemeinden wurde auf dem Pfarrhof von St. Gerhard ein großes buntes Festprogramm organisiert. Hunderte von Gläubigen hatten sich nach einer Prozession durch die Stadt und der anschließenden Feier der Eucharistie mit unserem Bischof Joachim Wanke aus Erfurt versammelt.

Enn Wort zum Sunntage

vun Gehannes vum Lipsbaerge

Minne lieeben Brieder un Schwaestern!

Ich muß hidde mool en kleines Hienchen mett uch roppe. Waenn me sich hidde sa immegucket, do meint me, me laebete nach im ohlen Testament, wo Moses mett sin'n Israelitten ungerwaejens woar – na, de wißt je, wo se hänngezoggen sin. Jedenfalls stett veeles, woas hidde sa passeert, schonnt in dr Hl. Schrift geschraemmn. Woas Jesus daen Lidden domools saete, stett z. B. bi Matthäus, drettes Kapittel, Vaers ainz bis sämmne. Äbber woas ich uch sae wäll, doas stett bi Mtth. sachse, Vaers ninnzaehne bis veerunzwanzig.

Also, domett d doas ae oalles richtig begrifft, wäll ich uch mool een Arlaebnis verzeehle.

Minne lieeben Brieder un Schwaestern!

Gross äs j d Schoar daer Christen in unsem Lanne, veele

gresser aebber äs j d Schoar daer Atheinsten, aebber am gressten äs j d Schoar daer Christen un Atheisten, die sich jeden Dagg mett daem KGB rimmeschloon. Jo – daer KGB, doas äs dr Krampfodder-Geschwoader-Bus, daer jeden Dagg zwischen Leinefaelle-Werbis-Teistungen un Duderstoadt varkehrt. Dr Bus fehrt sogar am Buß- un Baededagg räbber. Nur, do mut d n bißchen uffpasse, weil an dissem Dage bi daenen d Geschefte mant zu sin un de do nitt ingekaufe kunnt. Un waenn d do nit draan denket, do saen sich d Lidde: »Gucket mool hän – se sammelten sich in großen Haufen un koom'n mett langen Gesichtern un leeren Bitteln wärre enheim.

Aebber loot mant hän – an allen unfeierlichen Dagen gilt daer Biebelspruch: »Loot mant d Rentner oalle bi mich kumme un wehret es ehnen nitt, daenn Duderstoadt äs ferr see doas Hämmelreich!« Un wärre en oanderer Spruch saet: »Waer Voater un Mutter, Bruder un Schwaester, Wieb un Kind imme Duderstoadts willen varledd, daer sell j dousendmool belohnt waere!«

Ich sae uch doas, weil ich, ur Härre un Hirte, mich j ae mool unger d Herde gemenget ha – nitt – un bän daem Rufe des »wilden Westens« gefolget. Min Orjelspeeler, daer hett mich j mett sin'm Wartburje hänn no Leinefaelle gebroocht – doofeer krigget d je ae n Saejen un n Pfund Bonnkaffee aextra. Biem Oabschiede saete ich ferr ne: »Nur enne kleine Wiele, un du sisst mich nitt meh – un wärre enne kleine Wiele, un du sisst mich wärre!« Do antwortete haer mett daen Worten: »Oalle Auben woorten uff dich, oh Härre, waenn d wärre kimmest, un brängest jedem sinne Goabe!«

Wie ich nun zum Busbahnhoobe kom, do wimmeltes mant nur so vun Lidden. Im eesten Momente doochte ich, doas disse oalle zur Ohlen- un Krankenwoallfoahrt no Erfurt wunn, aebber dann sogg ich, doas se dofeer veele z veele Kuffer un Bittel bi sich hotten.

Daem Strojn no mutte disser Dagg genau s Gaejenteil vun Pfingsten gewaen si – jo – daenn me heerte veele Muuloorten, sa doas kaum endr daen andern varsteht kunnte. Oals dr Bus kom, hoob enn groaßes Gerammele un Gegreele an, oals gäbbes hidde Bananen immesisst. Do doochte ich: »Du liewer Gott, doass sunn oalles dinne Lämmer si? S sitt mich groad so uss, oals hett's d dich do vartonn, daenn doas hie sin j oalles schnaubende Becke un hielende Welfe!«

»Waer uusharrt, bis ans Enge, kimmet ae an sin Ziel«, docht ich mich, un woortete uff n zweiten Bus. Mett zwei Knippen wennjer stegg ich in un begrießte oalle Foahrgeste mett n

Worten: »Wo zweie odder drije in min'm Noamen varsammelt sin, do bänn ich mitten domang!« Daenn saete ich nach ferr se: »Seelig sin d Sanftmietigen, ae disse kunn in enner Stunns s gelobte Land gesieh!«

Dann kom'n me an daen Limes. Im Busse wordte es so stille, wie verrm Bichtstuhle. Ich doochte: »Waem äs bloos disse Moacht gegaenn, doas sogar d gressten Greelhelse ehre Klappen holen!« Wie dr Bus daenn am GÜST hull - doas äs dr Gemietliche-Äbbergang-Ständiger-Transporteere - do full mich daer Psalm inn, wo es heißt: »Wacht uff, rieft uns d Stimme, dr Waechter ganz oomne uff dr Zinne!« und schoont woarn d Waechtr ae im Bus.

Min Napper beeberte verr lutter Angest un baedte verr sich hänn: »Oh, Herr, loss dach dissen Mann an mich verbigeh!« - abber - daer gung nitt verbi - haer mutte sinne Taschen uspacke. Man - do sagg ich d Bescheerung un wußte, worimme haer so zetterte. Drijenverzig Faeldgicker un zwei Stracke koom'n zum Veerscheine - jeden aextra ins ND ingewickelt. »Nimm Deine Tasche, und folge mir!«, sprooch dr Zellner. »Wessen beschuldigt man mich?«, frug min Napper.

»Sie wollen 45 Stck Zeitungen vom Typ »ND« schwarz mit über die Grenze nehmen! Sie sind darum des Sero-Schmuggels verdächtigt!« Do meinte min Napper: »Herr, nitt minn, sondern Dinn Wille geschehe!« - nohm sin Haebchen un Baebchen un gung mett.

Enne ohle Frau sang verr sich haen: »Ich hab die Zeit noch nicht vergessen, als wir noch Schieber war'n!« Dodruff saete ich ferr se: »Sammelt nitt ittel Wosst in uuren Taschen, daen dr Wolf luurt äbberoall un siecht, woas haer varschlinge kann!« Se guckete mich aan, oals hette se mich nitt varstehnn. Deswaejen saete ich ferr se: »Nehmt Eure Gaben und verteilt sie unter den Armen!« - knippte min'n Mantel uff un wess ar minne saechs Wöste, die ich raechts un links ungern Ormen hanken hotte.

Sonst hotte ich j witter kenn gruwaechtiges Gepecke - n Wiehwoasserfaeßchen un n Klingelbittel. Domett kunnt'n j d Zellner nischt aangefange.

In Duderstoadt angekumm'n, nohm'n schont einige Anlauf un sprangen waehrend dr Foahrt oab, domett se joo d eesten bim Sozialamte werr'n. Waenn diss oalles passeert, liewe Brieder un Schwaestern, daenn sullt d wisse, doas dr Bus j sowieso glich hellt. Bliebet dorimme hebbsch drinne, domett d uch uure Knochen nitt kaputtsterzt, daenn es steht ae geschrämmn: »Daenn waern d eesten d letzten si!«

Als ich daenn ae daen Bus varluuss, nohm ich nach minn Wiehwoasserfaesschen un besprengelte nach oalle, die ich erwische kunnte. Ich saete ferr se: »Wahrlich, wahrlich, ich sae uch, Duderstoadt äs j enn Woallfoahrtsort ferr oalle disse, daenn Lahme gehnn, Blinde sieehn, Stumme storjen, sogar Doode stehnn wärre uff!«

Nun gung's aebber im Stormschreet hänn bi's Sozialamt, Abt. Finanzspritze ferr Bedirftige. Dr Ebberuuszahler machte d Deer uff, sogg d Rotte, drehte sich rimme un hielte bitterlich. Dann sprooch haer: »Loot d Lidde sich oalle hänsitze - immer zu fufzig Mann, daenn jeder sell j mett daer wundersamen Goabe arquicket wäre!«

Weils aebber dach saa veele Lidde woarn, un min Glaube nitt stark genung, luss ich schnaell en Stoosgebaed los, zum hl. Devisius, daem Schutzpatron ferr's Westgaeld. In minner groaßen Not sprooch ich: »Hl. Devisius, loss bloos doas Westgaeld jetzt nitt oalle waere! Bescheere mich ae nach solche Mittel, daenn sticke ich dofuune ae ne Mark in'n Klingelbittel!«

Un es geschoah das groasse Wunner. Ich bruchte bloos minn Reisepaß verzewiese, un schoon lugen d 100 Mark Westgaeld uff'm Dreesen. Ich rappete se sachte in un saete ferr daen Wundrtäter: »Danket dem Herrn, den er ist sehr freundlich, und seine Güte währet immerfort!«

Aebber, doas se ferr diss Wunner ae nach Rekloame machen, hett ich nitt gedoocht - na, im Westen äs aeben oalles meggelich. Jedenfalls stund bebber m Dreesen uff m Plakate: »Kommt alle zu mir, die ihr mühselig und noch nicht beladen seid, ich will euch erquicken!«

Nun gung's aebber eestmool hän bi ALDI. Do kaufte ich mich doas, woas'm DDR-Birger z oallereeste ins Auge sticht - Sietfrichte un n Paecken Bonnkaffee -Jacobs-Kreenung-, ferr minne Hussheltersche.

Ferr mich langete ich n Paecken Hostien un n poaar Flaschen Maesswien - ferrn Dienstgebrauch, sozusaen.

D Varkeiferin meinte ferr mich: »Ach, Sie sind sicher ein Geistlicher von Drüben?« »Jo«, saete ich, »Worimme daenn?« »Ja wissen Sie denn dort schon, daß der Päpstliche Segen umbenannt wurde?« »Nä«, saet ich, un stutzte. Do meinte se ferr mich: »Ja, früher, da hieß doch der Segen URBI ET ORBI - und neuerdings heißt er ORBI ET GORBI!« Dodruff saet ich ferr se: »Waenn daer bi uns ae giltig waere sell, do kunn me so, glas-nost-least, ae zur hl. Perestroika gebäde, domett dr nube Saejen ae reiche Frichte bränget!«

Nun woar 's Gaeld aolle, d Bittel vull un ich ae wärre n bisschen schlauer. Jetzt gungs eest nach hänn bi d Caritas. Do gob's ferr jeden 'ne Tassen Kaffee - immesisst. N paar Lidde siichten in daen groassen Plastesecken rimme no Klamotten ferr ehre drheim. Uff'n Secken stund dick un faett »Prüfet alles, das Gute behaltet!« Ich hae mich daenn nach 's Schild bebber dr Ingangsdeer derchgelaesen - dodruffe stund: »Seelig die Augen, die schauen, was Ihr seht! Denn ich sage Euch, es gibt noch viele Genossen, die wünschten zu sehen, was sie hören, doch sie haben es noch nicht gesehen!«

Gestärkt un schwer beladt gung's zum Busbahnhoobe zricke. Waejen daer veelen ALDI-Bittel, daen Eelradiatoren un daen Kassettenrecordern woar dr Bus nach vuller, als bi där Hännfoahrt. Do doochte ich bi mich: »Daen Seinen gitt's dr Herr im Westen!« Odder in en'm annern Worte heißt es: »Se säen nitt, se aernten nitt, se hotten kenn'n Pfennig Westgaeld in dr Kiepen, aebber dr »Goldene Westen« hett se allemann arnähret!«

Heimwaerts wärre Zollkontrolle. En junger Mann mutte mett sin'n veelen ALDI-Bittel ussm Busse. Ich doochte bi mich: »Ha muß ruus in d Finsternis - durt wärrt Hielen un Zeehneknirschen si!«

Wärre in Leinefaelle aangekumm'n, meinte enne Frau ferr mich: »Morjen geh ich eestemool hänn bi'n Doktr un loosse mich drij Wochen krank schriebe, domett ich eestemool im Koppe wärre richtig klar kumme!«

Min Orjelspeeler woar ae glich do. Haer woar sa immesichtig un hett glich n Hänger meetgebroocht.

Drheime gung ich eestmool in d Kärchen, weil ich j nach Bichte hoole mutte. Do trug's sich zu, doas enn Mann bi mich in'n Bichtstuhl koom un frug mich: »Oach, Haerr Pfarr, muß ich daenn ae bichte, doas ich 'n DDR-Birger bänn?« Ich äbberläte korz, daenn sprooch ich ferr ne: »Nein, mein Sohn, beichten brauchst Du es nicht, aber es steht Dir frei, es zu bereuen!«

Sowiet min Arlaebnis!

Liewe Brieder un Schwaestern!

Waenn d aebber meint, 's ohle Testament wärre verbi - nun gut - de siit j allemann aechte Aichsfaeller Lidde - do kunnte d uch drheime mool s' finfte Kapitel, Vars 1-20 vun Mtt derchgelaese!

Elfriede sell mett uch si, dr Schermmacher sell uch bescherme, dr Hutmacher uch behiede, dr Stockmacher uch stitze un dr Elektriker sell sinne Lampen äbber uch lichte loosse!

AMEN!

Hl. Genex, du Besorjer aller guuden Goaben uss'm Westen, mee rufen zu dich:
Beschere uns immer wärre nuuwe Verwandte, die uns woas schenke wunn!

Hl. Bananikus, du Beschitzer oaller Siedfrichte, mee rufen zu dich:
Beschere uns allen enne Bichsen vull Ananas - ae, waenn me kenne Jugendweihe machen!

Hl. Dewisius, du Patron des guuden Westgaelles, mee rufen zu dich:
Mach dach unse Aluschips äbber Noacht endlich zu Westgaeld!

Oalle hl. Nickemaenndr, varschont uns witterhän veer pletzlichen Krämpfen im Genicke!

Auf dem Politfasching 1990:

Unse Klicke

Ich wäll mich so usdricke:
»Man, han me en Klicke!«

Verbie äs nun daer roode Kram,
die Ziet äs äbberstehnn.
Värzig Johre woarn me lahm,
han kaum noch was varstehnn.

Me hull'n unse Schnuusten
wo immer es ae gull.
Me hotten, waenn die hust'en
d Hosen gestrechen vull.

D Baime wassen nitt in'n Hämmel,
so steht es woll geschräbbn.
Se mutten runger vun ehr'm Stängel,
weil se 's genung geträbbn.

Me sin das Volk, han kenne Angest.
Me saen jetzt, was me wunn.

Unse Kraft un Friede macht es,
doaß se nitt wissen, was se sunn.

Unse kleines Licht het se so varfeert,
doaß eh'n gung ae enns uff.
Un doaß sich 's nitt me immedreht,
d Lidde, paßt hebsch uff.

Paßt uff, doaß me ferr alle Zieden
uns d Einigkeit bewahr'n.
doaß Geraechtigkeit un woahrer Frieden
un Frohsinn sie in urem Laeben!

Had d's erreicht un blickt z'ricke,
do saet d: »Das äs unse Klicke!«

Gehannes vum Lipsbaerge

Unse Sorjn

Ich muß enn Wort mool mett uch schtorjn
äbber unse graosse Sorjn!

Seit Oktober, glaubets mich,
fiehl ich mich wie nuwe geborn.
Dach, verbie äs d Revolution nach nitt,
do kummn mich kreit schont nuwe Sorjn.

Me woarn enn Volk, stunn wie enn Mann.
Kenn Zweifel kom do uff.
Me hotten Forsche, me gungn ran,
d Waelt stunn wärre ferr uns uff.

D Grenzen, die uns spärrten in,
d Muurn, die uns hulln gefangn,
se han, Gott Lob, nun kennen Sinn,
's brucht nun keiner meh z bangn.

Dach, ich frooge mich d ganze Wiele,
äs nun das ganze roode Pack
no aller Hast un aller Ile
ae wirklich drinne in daem Sack?

Waer vun uch denket nach dodran,
worimme me gungn uff d Stroossen?
Woars Freiheit nitt - ferr jedermann?
's schient sa, als hett de nogeloossen.

Mich schient ae, als wärrs uch ganz egal,
d Hauptsache äs, s Westgaeld kimmet.
Alles Andere? Hach, 's wärd schont normal,
waenn nur s Pulwer bie uns stimmet.

Witter froog ich, aebbs woll äs richtig,
doass fordern vum Bundesstoaate mee?
Wunn me daenn vargasse, das, was wichtig,
z fordern vun daer SED?

Ae froog ich mich, doass waejem Gaelle
d Lidde wärrn reinewaegg alle blind,
un doass se mettm ganzen Aichsfaelle
ennes Tages nitt bi Gettingen sind.

Aebber trotz daer Sorjn, die mich bewaejn
glaube ich dach an uurn Varstand
und an daen, daer zum Sejn
uns fihre zu ennem Vaterland.

Met Aem wärds gut, hidde un ae morjn,
waenn d uff en loadet alle uure Sorjn.

Gehannes vum Lipsbaerge, Mai 1990

Bildnachweis

Eckhard Jüngel, Heiligenstadt: Umschlag, Seite 43, 57, 61, 73(2), 74 o., 76(2), 77, 80, 86, 87, 88, 91, 102(2), 103 o. l., 103 o. r., 108 o., 111, 115, 119, 120(2), 125(2), 126(2), 130 u., 131, 132, 143, 149, 153(2), 154, 162, 164, 165(2), 179(2), 180, 181

Horst-Gerhard Liese, Hundelshausen: Seite 69, 70 o., 72 o. l., 72 o. r., 92, 93(2), 94(2), 95(2), 96, 97(4), 104, 123(2), 124(2)

Walter Schulz, Gerbershausen: Seite 70 u. l., 70 o. r., 71(3), 72 u., 75(2), 151

Klaus Schaller, Uder: Seite 32, 103 u., 108 u.

Werner Keller, Mühlhausen: Seite 147(2)

Jürgen Pietsch, Dexheim: Seite 12 o., 15, 31, 51, 148

Siegfried Adler, Böhlitz-Ehrenberg: Seite 12 u.